Nadine Sieger

Ein Jahr in New York

Nadine Sieger

Ein Jahr in New York

Reise in den Alltag

HERDER

FREIBURG · BASEL · WIEN

Für Kevin, mein Zuhause in New York

Originalausgabe

© Verlag Herder GmbH, Freiburg im Breisgau 2008
Alle Rechte vorbehalten
www.herder.de

Satz: Dtp-Satzservice Peter Huber, Freiburg
Herstellung: CPI Moravia Books, Pohorelice

Gedruckt auf umweltfreundlichem,
chlorfrei gebleichtem Papier
Printed in Czech Republic

ISBN 978-3-451-05946-9

Inhalt

Oktober

WIE IM FILM. Ich stand in der New Yorker Bahnhofshalle Grand Central und musste es mir immer wieder selbst bestätigen. Ich fühlte mich wie im Film. Gerade eben war ich durch das reale Filmset von Kinohits wie „Eternal Sunshine of the Spotless Mind" („Vergiss mein nicht!") und den Klassiker „North by Northwest" („Der unsichtbare Dritte") gelaufen. Durch das glamouröse Beaux-Arts-Gebäude mit der haushohen Kuppel und dem 1912 irrtümlich spiegelverkehrt aufgemalten Himmelsgewölbe. Hier ergriff Jim Carrey Kate Winslets Hand, und Cary Grant floh vor seinen potentiellen Mördern. Während ich noch damit beschäftigt war, mental weitere Kinohits mit dem Tatort New York aufzulisten, spülte der Strom von Menschen mich und meine zwei Koffer durch das Hauptportal hinaus auf den breiten Gehweg. Hätte ich jemals zuvor New York besucht, wäre ich vermutlich besser vorbereitet gewesen. Stattdessen war ich einfach nur überwältigt. Schwärme gelber Taxen. Penetrante Sirenen- und Hupkonzerte. Menschen aller Nationalitäten. Wow, dort drüben ragte sogar die elegante Silberspitze des Chrysler Buildings über die Häuserzeilen hinweg. Absolute Reizüberflutung. Eine Dynamik, die ich so geballt noch nirgends zuvor erlebt hatte. Der Effekt wurde deutlich durch meine eigene Müdigkeit verstärkt. Seit etwa 15 Stunden war ich nun schon unterwegs, war in aller Herrgottsfrühe aufgestanden, um von Hamburg über Paris nach New York zu fliegen. Ich war physisch erschöpft und gleichzeitig völlig aufgekratzt. Ich dachte darüber nach, wie schade es ist, dass man solche Augenblicke nur ein einziges Mal zum allerersten Mal erlebt. Alles war klarer, lauter, größer und intensiver. Meine Synapsen liefen auf Hochtouren. Ein undefinierbares Glücksgefühl durchflutete mich. Ich musste grinsen, als hätte ich einen leichten Schwips, und war so ziemlich die einzige Person, die einfach nur bewegungslos auf dem Bürgersteig stand. Damit hatte ich mich auf den ersten Blick als New-York-Novize geoutet. Wer orientierungslos auf den Gehwegen stand, war im Weg. So wie ich, angewurzelt auf dem Bürgersteig. Die New Yorker navigierten zielstrebig um mich herum, wichen mir aus. Als Tourist gerade so geduldet, aber eindeutig ein Fremdkörper. Ich war ein staunendes Hindernis und schaute mit offenem Mund nach oben, nach rechts, nach links und wieder geradeaus. Jeder Blick fing etwas Neues ein. 125 000 Fahrgäste werden hier täglich durch die Stationen des historischen Bahnhofes geschleust, der mit seinen 44 Bahnsteigen angeblich der größte der Welt ist. Ein ziemlich wildes Treiben. Dabei fing alles so überschaubar an.

John F. Kennedy International Airport. Ich hatte einen riesigen modernen Metropolenflughafen erwartet und sah mich schon mit meinem Gepäck durch das hektische An- und Abreise-Chaos irren. Stattdessen verbrachte ich die erste Stunde in New York mit Warten. Wir Ausländer standen in einer müden, langen Schlange vor der Einwanderungsbehörde eines kleinen miefigen Terminals mit schäbigen Teppichen und Mobiliar aus einem anderen Jahrzehnt. Die Fragen der Einreiseerklärung mussten wir schon im Flugzeug beantworten. Eine konsequente Reihe Neins. Kriminelle Vergangenheit? Nein. Verbindungen zu Terrororganisationen? Nein. Ansteckende Viruskrankheiten? Nein. Ein einziges Ja hätte mich ganz offensichtlich umgehend in die

Heimat zurückkatapultiert. In meinem Reisepass klebte ein frisch ausgestelltes Journalistenvisum. Gültig für die nächsten fünf Jahre. Es gab also keinen einzigen Grund, mir die Einreise in die USA zu verwehren. Trotzdem war ich nervös, als ich endlich an der Reihe war. Ich hatte schon zu viele Horrorgeschichten über die Willkür der Beamten der Einwanderungsbehörde gehört, die Touristen, Schiedsrichtern gleich, regelmäßig die Rote Karte zeigten. Insbesondere seit George W. Bush nach dem Anschlag auf das World Trade Center am 11. September das „Department of Homeland Security" zum Heimatlandschutz vor Terroristen gründete, das seit 2003 auch für Immigration und Grenzschutz zuständig ist. Wer Pech hat, wird gleich mit dem nächsten Flieger wieder nachhause befördert. Und das ist nicht selten von der Laune des jeweiligen Officers abhängig. Mein zuständiger Beamter winkte mich mit seiner linken Hand hektisch zu sich und gab mir zu verstehen, dass er keine Zeit mit mir verschwenden wollte. Das war mir nur recht. Die gut sichtbar positionierte Handwaffe an der rechten Gürtelseite ließ keinen Zweifel an seiner Autorität. Ohne mich eines Blickes zu würdigen, prasselten seine Fragen wie aus einer Maschinenpistole auf mich nieder. Ungeduldig wedelte er mit meinem Reisepass und kaute dabei gelangweilt sein Kaugummi. „Könnten Sie die letzte Frage bitte wiederholen", fragte ich eingeschüchtert. Dass ich ganz offensichtlich weder amerikanische Staatsbürgerin noch jemals Gast in diesem Land war, schien er mit Genugtuung zu ignorieren und sprach fast noch undeutlicher, als er die Frage noch mal stellte. Ah, meine Fingerabdrücke, ja richtig, natürlich, wegen der Sicherheit. „Bitte noch mal, und vorher den Finger auf dem Pad befeuchten, der ist viel zu trocken", zischte er mich an. Also noch mal ein fester Druck links, danach der Zeigefinger rechts. Ein übermüdetes Lächeln in die winzige Kamera, und ich war drin. Sicher gespeichert im Computersystem der amerikanischen Einwanderungsbehörde und erleichtert eingereist in das Land der unbegrenzten Möglichkeit. Bei der Reisepass-Übergabe presste er sich noch ein „Have a nice stay" durch die kaum geöffneten Lippen. Ja, einen schönen Aufenthalt, genau das wünschte ich mir auch. In der Empfangshalle erwartete uns Neuankömmlinge ein Schwarm Limousinenfahrer. Bewaffnet mit handbeschrifteten Pappschildern starrten sie erwartungsvoll in jedes Gesicht, in der Hoffnung den erwarteten Fahrgast schnellstmöglich in Manhattan abzuliefern. Auf mich wartete niemand. Über acht Millionen Menschen in dieser Stadt und alles Fremde.

„Hi, ich bin Bob. Schön dich kennenzulernen", stellte sich mein Nachbar im Bus vor, noch bevor ich auf meinem Platz saß. Natürlich ohne Nachnamen. In diesem Land, in dem die Sprache nur „du" und kein „Sie" kennt, wurde auf überflüssige Förmlichkeit offensichtlich verzichtet. Bob war etwa fünfzig. Ein attraktiver Mann in einem dunklen Anzug und leicht grauem Haar, irgendwie kreativ. Oder bildete ich mir das nur ein, weil ich zwangsläufig jeden New Yorker für ein kreatives Genie hielt? Nett und wahnsinnig höflich war er ohne Zweifel. Ich fühlte mich gleich ein bisschen weniger allein in dieser großen Stadt, die mein neues Zuhause werden sollte. Als ich ihm erzählte, dass ich das allererste Mal hier bin, war er fast so aufgeregt wie ich. „That is so exciting", sagte er immer wieder und erzählte, dass er schon seit über zwanzig Jahren in New York lebt und für immer hier bleiben wolle. „New Yorker ist man nicht aus Zufall, sondern aus Leidenschaft", unterstrich er seine Entscheidung. An New York gebunden, ganz ohne Fesseln. Er hörte mir mit größtem Interesse zu und ignorierte ganz offensichtlich meine holprige Aussprache. Unter keinen Umständen würde sich ein Amerikaner anmerken lassen, dass er gerade mit einem nach Worten und grammatikalisch korrekten Sätzen ringendem Ausländer kommunizierte. Jeder Fehler wird galant ignoriert und auf jeden noch so kurzen Schlagabtausch folgt meistens ein überschwängliches Kompliment. Fast so, als wäre man adoptierter Muttersprachler. Auch wenn sich der deutsche Akzent meist schon beim ersten Satz ins Ohr bohrt. Denn das Zungenbrecher-„th", das uns meistens nur als scharfes „ß" durch die Zähne rutscht, entlarvt die Deutschen sofort. Stichwort „Happy Börssssday". Amerikaner musste man regelrecht anflehen, auf immer wiederkehrende Fehler hinzuweisen. Und davon gab es bei mir einige. „Den zweiwöchigen Sprachkurs in der School of English in Hamburg hätte ich mir wirklich sparen können", erzählte ich Bob frustriert, als ich ihm im Bus einen vorstammelte. „Ihr Deutschen wollt immer perfekt sein. Hauptsache, das Vokabular reicht für ganze Sätze", entgegnete Bob ermutigend.

Mein erstes englisches Gespräch außerhalb eines Klassenzimmers erforderte so viel Konzentration, dass Bob mich daran erinnern musste, zwischendurch auch mal aus dem Fenster zu schauen. „Genau hier habe ich auch nach so vielen Jahren noch immer eine Gänsehaut!", rief er feierlich, als am Horizont plötzlich die Silhouette der Wolkenkratzer auftauchte. Wie oft hatte ich diese legendäre Linie schon gesehen. Auf Postkarten, im Fernsehen, in Zeitschriften, aber noch nie live. Augenblicklich überfiel auch mich eine Gänsehaut, die anhielt, bis der Bus am Grand Central stoppte. Statt sich einfach zu verabschieden, wuchtete Bob meine zwei schweren Taschen aus dem Kofferraum und trug sie mir in die Bahnhofshalle. „Ich wünsche dir eine ganz tolle Zeit und hoffe, du wirst New York lieben", sagte er zum

Abschied und klang fast ein bisschen besorgt, dass ich von seiner geliebten Stadt nicht genauso begeistert sein könnte wie er. Er lachte mir aufmunternd zu, drehte sich um, und im nächsten Moment hatte ihn die Millionenmetropole schon verschluckt.

Da stand ich also verloren und überwältigt an der Bushaltestelle und schlug mein kleines Notizbuch auf: Madison Avenue, meine neue Adresse. Art-déco-Prunkbauten. Edle Designerboutiquen. Elegant geföhnte Damen in Chanel-Kostümchen. All das ging mir durch den Kopf, als ich vor einem Monat in meiner Hamburger Altbauwohnung saß und mir von der deutschen Immobilienmaklerin Petra aus New York ein Apartment andrehen ließ. Madison Avenue – einer der wenigen New Yorker Straßennamen, unter denen ich glaubte, mir etwas vorstellen zu können. Ich sah mich im Geiste schon auf dem Weg in mein neues Apartment durch die blitzblanke Lobby laufen. Vorbei am höflich grüßenden Doorman in seiner bordeauxroten Uniform. „Möblierte Wohnung mit Holzfußboden, Küche und Badezimmer mit Wanne auf der Madison Avenue. Perfekte Lage. U-Bahn-Linien rechts und links. Man ist im Nu überall", versprach Petra. „Und in der Gegend möchte man wirklich wohnen?", fragte ich noch mal unwissend nach. „Glaub mir, eine eigene Wohnung auf der Madison Avenue für tausend Dollar ist ein echter Glücksfall", wich sie meiner Frage geschickt aus. Aus sechstausend Kilometer Entfernung in einer fremden Stadt eine Wohnung mieten? War das eine gute Idee? Und tausend Dollar für ein winziges Apartment war aus der Perspektive meiner hundert Quadratmeter großen, 700 Euro günstigen Altbauwohnung in St. Pauli nicht gerade ein Schnäppchen. Aber hatte ich eine andere Wahl? Weder hatte ich Freunde mit ausziehbaren Schlafsofas noch das

Budget für ein Hotel. Außerdem war die Aussicht, gleich nach Ankunft in meine eigene Wohnung fahren zu können, sehr verlockend. Auch der Luxus, sich keinen Wer-putzt-das-Badezimmer-WG-Debatten aussetzen zu müssen, schien das Risiko wert.

Ich starrte aus dem Fenster. Am Grand Central war ich direkt an der Madison Avenue in den Bus gestiegen, der gen Norden direkt bis vor meine neue Haustür fuhr. Anfangs sah es haargenau so aus, wie ich es mir vorgestellt hatte. Vorbei am Armani Shop, dem Carlyle Hotel und dem Whitney Museum, einem Bauhaus-Meisterwerk von Marcel Breuer. Kurz darauf ließ der Bus langsam und bei jedem Stopp laut schniefend die 80. Straße hinter sich, und allmählich verändert sich das Bild. Die schicken Läden waren plötzlich verschwunden, auch die charmanten französischen Bistros. An deren Stelle traten Fast-Food-Imbisse und Häuser, die eher nach sozialem Wohnungsbau als nach Prestige-Architektur aussahen. Die in Ralph Lauren gekleideten Katalogmütter und mit Balenciaga-Handtaschen bewaffneten Damen waren mittlerweile ausgestiegen. In der 125. Straße angekommen, schaute ich mich um. Ja, tatsächlich, ich war die einzige hellhäutige Person im Bus. Und damit das erste Mal in meinem Leben in der ethnischen Minderheit. Willkommen in Harlem.

Vor der Tür wartete schon meine Immobilienmaklerin Petra. Ich hatte alles auf sie gesetzt und fühlte mich betrogen, noch bevor ich die Wohnung betreten hatte. Aber ich war zu erschöpft, die Zertrümmerung meiner naiven Illusionen zu thematisieren. Die unerwartete Identitätswandlung der Madison Avenue erinnerte mich an all die Warnungen, auf die ich in meinem Reiseführer zum Stadtteil Harlem gestoßen war. Bis dato hatte ich diese einfach ignoriert. „Laufen Sie nach Einbruch der Dunkelheit auf keinen

Fall ohne Begleitung durch Harlem", stand da zum Beispiel. Ich hoffte noch immer, dass sich solche Vorsichtsmaßnahmen als längst überholt herausstellen sollten. Schließlich war das gefährliche New York der Achtziger, dank Ex-Bürgermeister Rudolph Giuliani, längst Vergangenheit. Hatte er nicht radikal aufgeräumt im düsteren Moloch New York und die Stadt von Übel und Kriminalität befreit – war das nicht lange überall Schlagzeile? Hatte ich nicht kürzlich sogar noch gelesen, dass New York die sicherste Großstadt der Staaten sei? Oder? Es wartete sicherlich kein Taxifahrer dieser Stadt mehr vor der Haustür, bis das Licht in der Wohnung des ausgestiegenen Fahrgastes anging, nur um sicherzustellen, dass dieser die zehn Meter zum eigenen Apartment überlebt hatte. Das war früher tatsächlich der Fall. Gruselgeschichten wie diese geben die alteingesessenen New Yorker immer wieder gerne genüsslich zum Besten. Worauf in den meisten Fällen ein Schwall wehmütiger, romantisch eingefärbter Erinnerungen folgte, die damit endeten, dass New York beschuldigt wurde, nicht mehr das zu sein, was es mal war. Es ist die Rede vom Verfall des Mythos New York. „Ja, die Stadt hat sich in den letzten Jahren sehr verändert. Die Wirtschaft boomt wie lange nicht. Aber wie überall auf Kosten von Kreativität und der multikulturellen Vielfalt, die von Kommerz und Geldgier vertrieben und zerstört werden", hatte Bob mir schon im Bus vorgehalten, „Junge Kreative und Immigranten aus der ganzen Welt, die diese Stadt zu dem machen, was sie ist, und sie jahrzehntelang vorantrieben, können sich mittlerweile weder die Mieten, noch die Umsetzung ihrer Ideen und Träume leisten." Stattdessen wimmelt es von Investmentbankern und Immobilienmaklern, die über ehemalige Künstlerviertel wie SoHo und die Lower East Side herfallen. SoHo steht für „South of Houston" und ist mittlerweile eher eine edle Shoppingmeile für Touristen als die Stätte kreativer Kopfgeburten. „Die Gentrification macht sich wie ein Virus in der ganzen Stadt breit. Nachbarschaft für Nachbarschaft. Gerade ist der Meatpacking District an der Reihe", seufzte Bob und machte mich gleich am ersten Tag mit dem Wort bekannt, das für die geldgesteuerte Transformation der Viertel stand. Im Meatpacking District, südwestlich von der 9th Avenue, Ecke 14. Straße wurden vor wenigen Jahren noch Schweine und Rinder in alten Industriehallen geschlachtet und gelagert. Wo kürzlich noch Blut durch die Straßenrinnen lief, stöckeln mittlerweile teuer gekleidete Damen mit Föhnfrisuren in High Heels über das Kopfsteinpflaster. Auf dem Weg zu den edlen Designerboutiquen von Stella McCartney bis Alexander McQueen, die sich hier in den letzten Jahren einquartiert haben. Noch vor 15 Jahren verdienten hier Prostituierte und Transvestiten ihr Geld. Substantieller Broterwerb wurde von nächtlicher Unterhaltung auf teurem Niveau ersetzt. In den vielen schnieken Clubs ist man schon am Eingang zwanzig Dollar los. Und es macht den Eindruck, als wenn hier jeden Monat ein neues Lokal eröffnete, das dann umgehend von Celebrities wie Lindsay Lohan heimgesucht wird. Mittendrin ragt das moderne, kürzlich erbaute Gansevoort Hotel wie ein Fremdkörper über die alten Lagerhallen und Loftgebäude hinweg. Dessen Rooftop-Bar bietet zwar einen spektakulären Blick über den Hudson River, aber nur Auserwählten: Wer als Mann kurze Hosen trägt, hat sich disqualifiziert und wird gar nicht erst hochgelassen. Diskutieren zwecklos.

Glaubte ich meiner Maklerin Petra, würde mein neues Zuhause Harlem in Kürze zum nächsten Meatpacking District mutieren. „Harlem ist ganz sicher die nächste ‚Up and Coming Neighborhood'", behauptete sie, „H&M hat eine Filiale eröffnet, und auch Starbucks. Und direkt hier um die Ecke in der 125. Straße ist auch Ex-President Clinton vor kurzem in sein neues Office gezogen." Petra hatte meine Enttäuschung also bemerkt und versuchte, mir meine neue Nachbarschaft schmackhaft zu machen. Vergebens. Ein zweites Mal würde ich mich nicht um den Finger wickeln lassen. Sicher, auch hier gab es einiges zu entdecken. Das legendäre Apollo Theater zum Beispiel, das ich am darauf folgenden Mittwoch besuchte. „Ein absolutes Must", wie mir Petra vorab deutlich machte. Einmal die Woche findet hier die „Amateur Night" statt, in der sich Gospelsänger aus der Provinz auf die Bühne wagen in der Hoffnung, entdeckt zu werden. Und das schon seit über siebzig Jahren. Angeblich haben hier Jazz- und Soulgrößen wie Ella Fitzgerald und James Brown ihre Karriere begonnen. Ich musste mich drei Mal umsetzen, weil an den ersten mir zugewiesenen Sitzen mit den abgewetzten Polstern jedes Mal eine Armlehne fehlte. Die glorreichen Zeiten verlangten nach einer Renovierung, die kurz nach meinem Besuch stattfand. Das Publikum war trotz allem kaum zu bremsen und tobte bei jeder Vorführung. Oder buhte gnadenlos, bis ein Clown die geknickten Sänger von der Bühne zerrte. Darüber war ich ziemlich erschrocken, aber das radikale „Top or Flop"-Talente-Ausfiltern war anscheinend Tradition.

Meine Wohnung selbst war akzeptabel. Nicht überwältigend. Aber das hatte ich für tausend Dollar in New York auch nicht erwartet. Zweiter Stock, Altbau, Holzfußboden, etwa 25 Quadratmeter. Eigentlich alles so, wie Petra versprochen hatte. Die Küche lag direkt im Eingangsbereich. Das Badezimmer war okay, auch wenn die von Petra angepriesene Wanne nicht gerade zu Schaumbädern verführte. Im Wohnzimmer prunkte eine geschmacklose Esstisch-Garnitur, daneben ein belangloses Sofa, vor dem ein monströses

Fernsehgerät stand. Es gab zwar keinen Doorman, aber dafür dudelte in dem menschenleeren Flur ein Radio 24 Stunden am Tag. Warum, konnte mir niemand sagen. Harlem Renaissance hin oder her, ich fühlte mich, auch ohne zu wissen, wo ich eigentlich war, am Ende der Insel. Und die war 13,4 Meilen lang. Von wegen mittendrin. Downtown war mindestens 15 U-Bahn-Stopps entfernt. Und dort war das New York, für das ich Hamburg verlassen hatte.

Nah war nur der Central Park. 15 Blöcke entfernt, zwölf Minuten zu Fuß. Und hier wurde die Abgeschiedenheit zum Vorteil. Während halb Manhattan am Wochenende von der Südstirn, der Ost- und der Westflanke in den Park strömte, war man hier oben in Harlem im Norden fast allein. Ohne direkten Kontakt mit den 25 Millionen Besuchern, die jährlich auf der Suche nach Erholung und frischer Luft in den Park pilgern, war der urbane Natursatz fast glaubhaft. Die grüne Lunge New Yorks, 1857 künstlich angelegt, vier Kilometer lang und 800 Meter schmal, war fast doppelt so groß wie Monaco. Gebaut wurde diese Metropolen-Oase, weil die vom Großstadtleben, dem Lärm und Gedränge erschöpften New Yorker schon vor 150 Jahren großen Bedarf an Erholung hatten. Man erhoffte sich damals, mit einer grünen Zuflucht soziale Unruhen zu verhindern, und realisierte das Millionenprojekt trotz der damaligen Wirtschaftskrise. Arm und Reich sollten sich hier nebeneinander entspannen. Das scheiterte anfangs, denn die arme Bevölkerung konnte sich den Penny für die Busfahrt nicht leisten. Damals lag der Park weit oberhalb des Stadtzentrums, war von Brachland umgeben und nicht so einfach zu erreichen. Mittlerweile ist die Stadt längst über den Central Park hinausgewachsen, und der Park ist tatsächlich „central". Gar nicht auszudenken, was wäre, wenn es diese Idylle mit den

Seen, Wegen, Wiesen, Wäldchen, Sport- und Spielplätzen, dem Zoo, der Eislaufbahn im Winter, dem Pool im Sommer und dem alljährlichen Kulturangebot an Opern, Konzerten und Theaterstücken nicht gäbe.

Es war noch früher Sonntagvormittag. Die Sonne strahlte wie jeden Tag vom blauen Himmel. Der Herbst hatte schon begonnen, aber es lag noch so eine Ahnung von Sommer in der Luft. Eigentlich hatte ich mir vorgenommen, Starbucks zu meiden. Aber ich war in Harlem und hatte keine andere Wahl. Ein nettes Café hatte sich trotz der Prophezeiung meiner Maklerin Petra leider bisher noch nicht in meine Nachbarschaft verirrt. „Latte, Venti, ja, ganz normale Milch, bitte." Um mich herum flogen komplizierte Bestellungen durch den Raum. Mit Sojamilch, aber ohne Schaum, dafür ein Spritzer Karamell, ach ja: entkoffeiniert, bitte. Hier standen offensichtlich massenerprobte Profis an der Espressomaschine. Geduldig und flink setzten sie jeden Extrawunsch in die Tat um. 171 Filialen bevölkern mittlerweile Manhattan, und vor jeder einzelnen Kasse wartet zu allen Tages- und Nachtzeiten eine lange Schlange koffeinhungriger Menschen. Diese Kaffeeketten-Epidemie war mir persönlich eher unsympathisch. Aber in New York ist die Starbucks-Dichte ziemlich praktisch, wie ich feststellte, als ich das erste Mal eine öffentliche Toilette suchte und nur hier fündig wurde. Ich spazierte also mit meinem Starbucks-Wappen-Pappbecher zum Central Park. Vor mir lag eine bunte Baumlandschaft, die in den schönsten Herbsttönen leuchtete. Ein Farbenmeer aus gelben, roten, braunen und teilweise noch grünen Blättern. Irgendwann wurde mir diese schöne, aber menschenleere Stille im Norden des Parks zu einsam. Mir selbst Gesellschaft zu leisten, das hatte ich den letzten Tagen zur Genüge getan. Mir war nach Menschen zumute. Ich lief also immer weiter Richtung Süden. Dort fand ich das, was sich die Visionäre und Erbauer des Parks damals gewünscht hatten: den New Yorker „Melting Pot". Menschen aus über 200 Ländern, die mehr als 170 Sprachen sprechen. Die unterschiedlichsten Ethnien, Kulturen, Lebenseinstellungen, Denkweisen und Steuerklassen. Eine Metapher, mit der der russisch-jüdische Autor Israel Zangwill 1908 mit seinem gleichnamigen Theaterstück das erste Mal New York beschrieb und die noch heute greift. Nach einer Stunde war ich so ziemlich jedem Klischee-New-Yorker dieser Stadt begegnet. Ich bestaunte die vielen Dog-Walker, die zum Teil acht Leinen in einer Hand jonglierten, an denen acht ganz unterschiedliche Hunderassen hingen. Groß, klein, dürr, dick, niedlich, hässlich. Wie ferngesteuert ging dieses Menschen-Hunde-Gespann seines Weges. Wie war das nur möglich? Beruhigungsmittel? Keiner tanzte aus der Reihe oder hob unangemeldet sein Bein. „Oh, ich wusste gar nicht, dass du einen Hund hast", überhörte ich ein Gespräch hinter mir. Ich drehte mich um und sah einen jungen Typ, der eine kleine veredelte Ameise wie eine lebende Handtasche auf dem Arm trug und darauf sagte: „Ja, er verlässt nur sehr ungern das Haus, deshalb gehe ich so gut wie nie mit ihm spazieren." Sein Gegenüber nickte verständnisvoll.

Ich überquerte die einzig große Straße im Park, die sich von Süden nach Norden quer durch das Grün schlängelt. Unter der Woche war dies eine beliebte Abkürzung für Taxi- und Autofahrer. An Samstagen, Sonntagen und unter der Woche ab 19 Uhr wird die Straße für Autos gesperrt, aber der Verkehr verdichtet sich: Rollerblader, Jogger, Radrennfahrer und Kutschen verwandeln die Straße in einen pulsierenden Parcours. Auf der Wiese gegenüber trainierten Väter in ihren Elite-College-T-Shirts eifrig mit ihren Söhnen Baseball. Eine in rote Trikots gekleidete Gruppe Jugendlicher feuerte schreiend den jeweiligen Schläger ihres Teams an. Auf etlichen Spielplätzen kreischten Kinder. Die Mütter waren auf den Bänken angeregt ins Gespräch vertieft. Wie ich später feststellte, bot sich genau auf diesen Spielplätzen unter der Woche ein ganz anderes Bild. Von Eltern war an diesen Tagen keine Spur, stattdessen klopften dunkelhaarige Nannys den Sand von den Hosen blonder Kinder, die ganz offensichtlich nicht ihre eigenen waren.

Die Szenerie war interessanter als Fernsehgucken. Überall ragten die oberen Etagen der in der Ferne stehenden Hochhäuser über die Baumwipfel hinweg und rahmten den Central Park am Horizont wie ein Gemälde ein. „In welchem Haus wohnt wohl Woody Allen? Und Mia Farrow, lebt die tatsächlich direkt gegenüber?", dachte ich. Gerne hätte ich jetzt auf einen mentalen Auslöser gedrückt, um diese Szene für immer festzuhalten. Und dann – ich traute meinen Augen kaum. War er es wirklich? Bob? Mein erster Amerikaner, Bob aus dem Bus? Etwas zu laut schrie ich quer über die Wiese: „Bob!", als hätte ich einen alten, jahrelang vermissten Freund wiedergefunden. So kam es mir in diesem Augenblick allerdings auch vor. Er drehte sich um und strahlte mich an. Tatsächlich, er war es. „Na, das gibt es ja gar nicht, the little german girl", sagte er, und ich hoffte sehr, dass seine Freude so ernst gemeint war wie meine. Ansonsten hätte mich meine losgelöste Wiedersehenseuphorie ziemlich blamiert.

Damals wurde mir das erste Mal klar, wie klein diese Stadt mit ihren 26 Quadratmeilen trotz der mythischen Größe sein kann. Zufallsbegegnungen dieser Art häuften sich von Monat zu Monat. Das lag natürlich auch daran, dass sich mein eigener Lebensradius reduzierte, je besser ich die Stadt kennenlernte. Wenn man erst mal weiß, wo's einem am besten gefällt, stellt sich ein gewisser Lokalpatriotismus ein, und plötzlich findet man sich selten in einer anderen Nachbarschaft als der eigenen wieder. Aber davon war ich in meinem ersten Monat noch weit entfernt. Erst mal musste mein Arbeitsleben beginnen und damit die Routine. Meine drei arbeitslosen Sightseeing-Wochen waren vorbei, und der erste Arbeitstag stand bevor.

Das Büro lag in Midtown, in einem der Rockefeller-Center-Gebäude. Und ausnahmsweise hatte Petra mal Recht. Der Weg zur Arbeit dauerte tatsächlich nur 25 Minuten. Von Tür zu Tür. In Midtown wird eigentlich nur gearbeitet, alles ist auf Business- und Bürobedürfnisse ausgerichtet. Ganz nebenbei werden Horden von Touristen durch die Hochhausschluchten geschleust. Ich glaube, genau so hatte ich mir New York aus der Ferne vorgestellt. Mittelpunkt sind die neunzehn Rockefeller-Art-déco-Bauten, die in den Dreißigerjahren von der gleichnamigen Familie errichtet wurden. Die waren Anfang des letzten Jahrhunderts eine der reichsten Familien Amerikas, die einen Großteil ihres Vermögens dem Ölgeschäft zu verdanken hatten. Die Rockefellers schufen hier schon vor vielen Jahrzehnten eine Infrastruktur, die es den fleißigen Menschen in Anzügen ermöglicht, ihre Arbeitszeit zu maximieren. Unter den Gebäuden erstreckt sich ein ausgeklügeltes Passagen-Netz, ein kleines, unterirdisches, kommerzielles Versorgungsdorf, das man nicht zu verlassen bräuchte. Eine Post, Banken, ein Schuster, Sandwich-Theken, Starbucksfilialen, ein Friseur, eine Drogerie, ein Blumenladen. Hier hatte man alles, außer Tageslicht. Selbst die U-Bahn-Stationen befanden sich direkt unter den hohen Officetürmen. Emsigen Ameisen gleich strömten die Büromenschen wie auf vormarkierten Wegen aus der U-Bahn über den Bahnsteig, die Treppe hoch, durch die Lobby und verschwanden in den Aufzügen.

Ich musste in der eleganten Lobby mit den goldverputzten Wänden erst mal kurz anhalten und mich aus diesem eifrigen Menschenstrom befreien. Ich beobachtete, wie die Leute mit ihren Gebäudeausweisen die kleinen Sperrschranken passierten, um zu den Aufzügen zu gelangen, und fühlte mich wie in einem Hochsicherheitstrakt. Zwei Minuten später stand ich suchend im Aufzug und konnte den Knopf für die 26. Etage nicht finden. Dort sollte mein Büro sein. War ich im falschen Gebäude, oder hatte ich die Adresse falsch notiert? „Nein, nein, Sie sind nicht falsch, die Aufzüge auf dieser Seite halten nur bis zum 15. Stock, mit denen auf der anderen Seite können Sie zu allen Etagen oberhalb des 15. Stockwerks fahren", klärte man mich auf. Aha. Auf zur anderen Seite. Die Tür schloss sich, und der Aufzug setzte sich in Bewegung. Mein Magen auch. Mir wurde flau. Lag es an der rasanten Vertikal-Geschwindigkeit oder an der Gewissheit, dass nun offiziell mein Alltag in New York begann?

November

Vor mir lag die Liste. Lust hatte ich keine. Aber diesen Telefongesprächen musste ich mich stellen. Zumindest, wenn ich nicht den Rest des Jahres mutterseelenallein durch die Stadt pilgern wollte. Auf diese Liste hatten mir meine Hamburger Freunde die Kontakte ihrer New Yorker Freunde notiert. Kurz fragte ich mich selbst, warum ich mir das eigentlich antat. In Hamburg hatte ich alles. Tolle Freunde. Einen Super-Job. Eine riesige Altbauwohnung. Eine Stadt, die ich liebte. Und zu den fernwehgeplagten Menschen, die schon im Kindergarten von der großen weiten Welt träumten, gehörte ich auch nie. Warum war ich also hier! Weil ich wusste, dass man ein Jobangebot in New York nur ein Mal im Leben bekommt. Und das war nun mal jetzt. Deshalb war ich hier.

Beim Wählen der Nummern war ich fast ein bisschen nervös, gerade so, als ob am anderen Ende mein lang angehimmelter Jugendschwarm abheben würde. Mehrmals überlegte ich mir, wie ich mich erklären sollte. „Ja, hallo, hier ist Nadine, du kennst mich nicht, aber du kennst Ina. Und Ina kennt mich. Und ich wollte fragen ...", so formulierte ich mir die Sätze im Kopf zurecht. Freunde hatten sich bisher immer ohne große Anstrengung in mein Leben gesellt. Einfach so. Ganz organisch. Dass ich jetzt bei null anfangen musste, war wirklich mühsam. Aber so ganz ohne soziales Netz in einer fremden Stadt, völlig zurückgeworfen auf mich selbst, blieb mir nichts anderes übrig als nachzuhelfen. Diese stundenlangen Ferngespräche und wortgewaltigen E-Mails nach Deutschland konnten hier nicht ewig mein Sozialleben ersetzen. Ich wollte die Stadt mit jemandem teilen. Vor Ort.

Für ein paar Wochen war die Stadt allein Unterhaltung genug, mit allerlei Bekanntschaften, die man hier je nach Bedürfnis dosieren kann. Aus jeder Situation ergibt sich für die New Yorker Gesprächsstoff, der manchmal für einen ganzen Abend reicht. Keine zwei Minuten steht man hier alleine an einer Bar, bevor einen Fragen wie „Und was machen Sie hier? Leben Sie auch in New York?" aus einsamen Gedanken reißen. Nick zum Beispiel traf ich während einer Presseveranstaltung in einer schicken Bar in Midtown, noch bevor ich meinen ersten Drink bestellt hatte. Zwei Gläser später lud er mich für den darauf folgenden Sonntag zu einem U2-Konzert ein. Und so was meinen New Yorker ernst. Begegnungen dieser Art gibt es hier in allen Variationen. Mit Zukunftspotential und ohne. Manchmal würde man sich gerne verabschieden, bevor man sich überhaupt kennengelernt hat. Und manchmal hat man sich so viel zu erzählen, dass ein Abend kaum ausreicht. Selbstverständlich entpuppt sich manch nettes Gespräch auch als gut getarnte, aber letztlich plumpe Anmache. „Ruf den bloß nicht zurück, der will doch nur das Eine", warnte mich meine amerikanische Kollegin Vanessa eines Mittages beim Lunch. „Ach Quatsch, wir sind uns einfach sympathisch", wehrte ich ahnungslos ab. Dann begriff ich allmählich, dass sie Recht hatte. Natürlich durchschaute sie ihre Landsmänner besser als ich frisch eingereiste Ausländerin. Deutsche Männer tickten einfach ganz anders. Und amerikanische „Dating Rules" waren offensichtlich keine Erfindung der Fernsehserie „Sex and the City". Sie kamen der Realität sehr viel näher, als mir lieb war. Dazu später mehr.

Auch wenn diese Streiflicht-Begegnungen anfangs das perfekte soziale Eingewöhnungsprogramm darstellten, ersetzten Bekannte auf Dauer einfach keine Freunde. Wie sehr mir diese fehlten, wurde anfangs von einem unwillkürlichen Glücksgefühl verdrängt, das mich in Hamburg so willkürlich noch nie überfallen hatte. Ausgelöst durch die simpelsten Dinge. Zum Teil durch unglaublich verbrauchte Klischee-Momente: Als ich an einem Samstagabend zu Fuß die Brooklyn Bridge überquerte und der Sonnenuntergang die Skyline in diese kitschig rosigen und blauen Babytöne tauchte. Oder als ich ganz simpel durch die kleinen Straßen der Lower East Side schlenderte und plötzlich wieder begriff, wo ich mich eigentlich befand. In der Mega-City New York.

Die gefühlte Schönheit der Stadt ist schwer zu erklären und oft irrational überwältigend. Sie hat mit Makellosigkeit und Ästhetik wenig zu tun. Ganz im Gegenteil. Die Stadt hat sichtbar viele Schwachstellen und ist stellenweise verlebt, geflickt und verwachsen. New York ist schrullig, launisch und manchmal ganz schön anstrengend. Aber New York ist trotz allem wunderschön und selbstbewusst. Die New Yorker Sängerin Suzanne Vega hat das einmal sehr schön formuliert: „New York ist wie eine Frau, die nicht immer nett und reizend ist, aber so unglaublich faszinierend, dass man seine Augen nicht von ihr lassen kann." Knietiefe Schlaglöcher mitten auf der 2nd Avenue, marode und von Ratten infiltrierte U-Bahn-Stationen, stinkende Mülltütenberge auf den Gehwegen, immer dröhnender Straßenlärm, der Gestank in Chinatown, die astronomischen Preise – ein echter New Yorker sieht darüber verliebt hinweg. Hauptsache, man ist Teil des dynamischen Ganzen. Musiker, Künstler und Literaten lassen sich schon seit Jahrzehnten von der Stadt inspirieren. An keinem anderen Ort der Welt hätte sich Andy Warhol mit seinen verrückten Ideen so erfolgreich verwirklichen und verewigen können wie hier. Die Beastie Boys haben der Stadt ihre größten Hits zu verdanken. Und was wäre ein Woody Allen oder ein Martin Scorsese ohne die Bühne Manhattan? Hier zu überleben und trotz aller erschwerenden Begleiterscheinungen glücklich zu sein ist wie ein Ritterschlag. Eine Auszeichnung und Qualifikation, die man sich verdienen muss. Das gilt für den mexikanischen Tellerwäscher genauso wie für den hoch qualifizierten Creative Director aus Berlin. Frank Sinatra hat dieses Lebensgefühl mit seinem Gassenhauer „New York, New York" – „If you can make it there, you'll make it anywhere …" – ziemlich präzise erfasst. Nicht ohne Grund wurde dieser Satz zum meistzitierten Leitmotiv New Yorks.

Was auch immer die anderen hier zu erreichen hoffen, mein einziges Bestreben war zu diesem Zeitpunkt, diese Telefonate hinter mich zu bringen. Wie würde ich wohl reagieren, wenn mich ein Fremder in Hamburg anrufen würde, in der Hoffnung, mit mir auszugehen? War das jemals der Fall gewesen? Ich konnte mich nicht erinnern und hoffte, dass ich niemals jemanden mit einer lahmen Ausrede abgespeist hatte. Das Schicksal hätte jetzt eine hervorragende Gelegenheit, es mir heimzuzahlen.

Ich hatte Glück. Als hätten sie auf meinen Anruf gewartet, schlugen diese potentiellen neuen Freunde ohne Umschweife vor, gemeinsam essen zu gehen. Ich musste nicht mal danach fragen. Sobald ich mich als New Yorker etabliert hatte, das nahm ich mir damals ganz fest vor, würde ich jeden Neuankömmling mit offenen Armen empfangen. Anscheinend war das in dieser Stadt, in der irgendwann jeder einsam und allein aufschlägt, so eine Art soziale

Bürgerpflicht. In der folgenden Woche hatte ich gleich drei „Dates". Vor jedem Treffen war ich nervös wie vor einem Vorstellungsgespräch. Nummer eins: Miriam, Amerikanerin asiatischer Abstammung und Freundin meiner Freundin Ina. Treffpunkt: Gitane. Ein kleines, süßes Café in der Mott Street in Nolita mit marokkanisch angehauchter Küche. Auf einem meiner wochenendlichen Streifzüge war ich hier vorbeigeschlendert und konnte mir schon damals nicht verkneifen, wieder mein am Ende der Insel gelegenes Harlem in Frage zu stellen. Hier unten war es einfach netter. Kleine Boutiquen, niedliche Restaurants, schöne Menschen und dann diese alte St. Patrick's Cathedral, direkt gegenüber vom Gitane, die von zwei alten Friedhöfen mit riesigen Bäumen eingerahmt war. Die älteste Kathedrale der Stadt, das hatte fast schon etwas Dörfliches, mitten in New York. Hinzu kam, dass ich diese mitleidigen Blicke leid war, die sich jedes Mal bei meinem Gegenüber einstellten, wenn ich erwähnte, dass ich in Harlem wohnte. Irgendwie war das wohl so, als wenn man behauptete, in Hamburg City zu wohnen, und eigentlich in Barmbeck lebte. Ich hatte es schnell begriffen. Ein echter New Yorker wohnt downtown, also unterhalb der 14. Straße. Einige vermieden die Überschreitung dieser Grenze, die für manche zur Lebenseinstellung wurde, als wenn man auf der anderen Seite seinen Ruf zu verlieren hätte. Uptown war für viele einfach uncool. Harlem erst recht.

Für einen Zwischenstopp zuhause blieb wie immer keine Zeit. Jeden Morgen musste ich schon strategisch einplanen, was ich am Abend vorhatte. Auch mit Miriam traf ich mich, wie in New York üblich, gleich nach der Arbeit. Miriam war etwa dreißig, arbeitete für eine amerikanische Textilfirma und lebte schon seit Ewigkeiten in New York. Wir warteten draußen vor der Tür auf einen Platz, weil es drinnen zu eng war. Miriam erzählte beiläufig, dass sie kürzlich Naomi Watts hier hat essen sehen und einige andere Hollywoodstars. Das unprätentiöse Lokal mit den wenigen Tischen sah überhaupt nicht so aus, als wenn man hier sehen und gesehen werden wollte. Schaut man sich die Gäste allerdings näher an, war offensichtlich, dass sich hier alle große Mühe gaben, gut auszusehen. „Hättest du lieber einen Rot- oder einen Weißwein?", fragte Miriam mich, als wir endlich saßen, und wusste gar nicht, wie sehr ich mich darauf freute, endlich auch in New York das zu tun, was für mich in Hamburg alltäglich war. Mit Freunden essen gehen.

„Mein guter Freund Richard feiert nächsten Samstag seinen Geburtstag, da musst du unbedingt kommen", sagte Miriam. Innerlich gratulierte ich mir freudestrahlend. Die erste Aufnahmeprüfung hatte ich also überstanden. Es gab ein Wiedersehen. Eine Geburtstagsfeier, auf der ich quasi niemanden und vor allem nicht das Geburtstagskind kannte. „Gerne. Meinst du, der hat nichts dagegen?", fragte ich anstandshalber. „Honey, mach dir keine Gedanken, Richard wird sich freuen, wenn du kommst", sagte sie.

Richard freute sich also über einen Gast aus Deutschland, den er noch nie zuvor gesehen hatte. Das kam mir ja schon etwas übertrieben vor. Miriams zutrauliches „Honey" auch. Ich hatte mich immer noch nicht an diese Herzlichkeiten gewöhnt, die hier allen leicht über die Lippen rutschten. Nur mir nicht. Die Frau in meinem Deli (Feinkostgeschäft), bei der ich morgens immer meine Zeitung kaufte, begrüßte mich kategorisch mit „Good morning, Honey, how are you". Solche Zutraulichkeiten irritierten mich, und ich fragte mich auch nach vier Wochen noch, ob sie von mir das Gleiche erwartete. Schließlich wollte ich nicht als plumpe Deutsche auffallen, der nichts Besseres einfällt, als unbeholfen zurückzulächeln. Als selbst ein Obdachloser sich für den Dollarschein mit „Thanks, Sweety" bedankte, wurde es Zeit, sich anzupassen.

„Sag mal, was antworten die Leute eigentlich auf dieses ‚What's up‘?", fragte ich Vanessa deshalb kurz darauf beim Mittagsessen. Vanessa war mittlerweile mehr Freundin als Kollegin und mein persönlicher Kulturbotschafter. Vanessas Eltern kamen aus China und waren hier hergezogen, bevor Vanessa zur Welt gekommen war. Sie war also eine der wenigen echten gebürtigen New Yorker. Von Kopf bis Fuß. Wortwörtlich. „Das fühlte sich wirklich komisch an", erzählte sie mir einmal, „dieses Kitzeln unter der Fußsohle. Ich trage lieber Schuhe." Die Rede war von ihrem ersten Mal barfuß auf Gras. Mit Anfang zwanzig, im Englischen Garten in München, als sie ihren deutschen Freund besucht hatte. Ich dachte erst, sie macht einen Scherz.

Statt auf Wiesen war sie auf dem harten Asphalt New Yorks groß geworden. Hier war sie zuhause und wusste ganz genau, wer wie tickt. „Streetsmart" sagt man dazu in Amerika. Ich konnte ihr stundenlang zuhören. Ihr großer Traum war eine große Karriere als Schauspielerin und der Job bei uns im Büro nur eine finanziell notwendige Zwischenstation. Vanessa glaubte an sich und ihre Berufung. Aufrecht wie eine Lanze schritt sie Tag für Tag mit vorgeschobener Hüfte durchs Büro. Es gab Momente, in denen ich mir nicht ganz sicher war, ob ich Teile eines einstudierten Monologes zu hören bekam oder meine Freundin Vanessa. Aber ich konnte sie alles fragen, und sie hatte immer eine Antwort. „Sag einfach: ‚Not much. What's up with you?‘", entgegnete sie. Und dann, was sollte man darauf antworten?

Die Amerikaner meinen nicht immer, was sie sagen. Das war sehr gewöhnungsbedürftig und führte oft zu Missverständnissen. Nach „I'll call you later" hatte ich oft vergebens auf einen Rückruf gewartet. „Later", so dachte ich, bedeutet „noch am gleichen Tag". Stattdessen übersetzte Vanessa mir diese Floskel mit: „Bis irgendwann dann mal." Amerikaner wollen immer höflich sein, und Ehrlichkeit ist leider oft das Gegenteil. Eine Kommunikationsfalle, in die ich als Deutsche ziemlich häufig tappte.

Aber diese oberflächliche Nettigkeit war auch eine willkommene Hilfestellung. Denn ob dieser fremde Geburtstags-Richard sich nun tatsächlich über meine Anwesenheit freute oder nicht – who cares?! Allein die Aussage erfüllte ihren Zweck. Ich fühlte mich eingeladen.

„Hast du eine Idee, was ich ihm schenken könnte?", fragte ich Miriam, als wir im Gitane saßen. „Nichts, komm einfach", antwortete Miriam, „da hier fast niemand zuhause feiert, trifft man sich in einem Restaurant oder einer Bar, und die Rechnung geht auf die Freunde, das ist Geschenk genug."

„Würde man zuhause feiern, könnten sich die meisten mit ihren winzigen Wohnungen kaum mehr als fünf Freunde leisten", fügte sie lachend hinzu. Kaum hatte ich den letzten Bissen runtergeschluckt, wurde auch schon mein Teller abgeräumt. Und das, obwohl Miriam noch gar nicht fertig war. Ich sagte nichts. Aber der Kellner in mir, der in Hamburg gelegentlich im Gourmet-Bistro Vienna gearbeitet hatte, war etwas empört. Doch daran musste ich mich gewöhnen. Andere Länder, andere Tischmanieren. Miriam hatte gerade ihr Besteck auf den leeren Teller gelegt, als sich die Kellnerin in ihrem blauen Kittelkleid von uns bestätigen ließ, dass wir nichts mehr bestellen möchten, und im gleichen Atemzug die Rechnung auf dem Tisch parkte. Als ich in meine Tasche nach meinem Portemonnaie griff, winkte Miriam ab. „Das heißt nicht, dass wir sofort bezahlen und aufstehen müssen. Trink erst mal entspannt deinen Wein aus", sagte sie. Das tat ich dann auch, aber dachte trotzdem still: „Was für eine miese Abwimmelmethode." Die, so sollte ich bald herausfinden, war hier Programm.

„See you on Saturday!", rief Miriam mir zum Abschied hinterher. Ich lief zur U-Bahn und musste in der Station eine lange Weile auf den Zug warten. „Da lebe ich schon in Manhattan und führe trotzdem das Leben eines Pendlers", seufzte ich vor mich hin. Gott sei Dank fuhren die U-Bahnen wenigstens die ganze Nacht. Sonst hätte ich schon ein Vermögen für Taxifahrten ausgegeben. Es war kurz nach Mitternacht, als ich aus dem Zug stieg. Ich war fast 45 Minuten unterwegs. In SoHo wimmelte es noch von Menschen, in Harlem war weit und breit niemand auf der Straße zu sehen. Außer der Obdachlose, der hier anscheinend wohnte, seit er letzte Woche seine ziemlich ramponierte Strandliege auf dem Bürgersteig positioniert hatte. Gleich neben Burger King. Meistens schlief er schon, wenn ich auf dem Nachhauseweg an ihm vorbeilief.

Die Ladenschaufenster waren von schweren eisernen Rollläden verbarrikadiert und boten ein ziemlich tristes Bild. Mein eigener Schritt hallte mir entgegen, als ich die Zugbrücke unterquerte. Nur noch zwei Blöcke. Zwar hatte ich bisher keine einzige schlechte Erfahrung gemacht, aber etwas unheimlich war das schon. Es wurde höchste Zeit umzuziehen. Und einen Mitbewohner hätte ich mittlerweile auch gerne, dachte ich, als ich die Treppen hochstieg und mir einsam die Musik im Hausflur entgegendudelte. Ich hatte keine Ahnung, neben wem ich hier eigentlich wohnte. Wie immer steckte ich den Schlüssel in die Wohnungstür und drehte nach rechts. Wie immer funktionierte es nicht. Dass sich die Schlösser in Amerika mit einem Dreh nach links öffnen lassen, war für mich noch immer verkehrte Welt und entbehrte meiner deutschen Logik. Und dass selbst ein banales Türschloss immer wieder darauf hinwies, dass ich hier nicht zuhause war, hatte etwas Metaphorisches. War ich erst angekommen, wenn ich meine Wohnungstür ohne nachzudenken nach links aufschloss?

Samstagabend um zehn stand ich im Aufzug des schicken W-Hotels. Der unbekannte Richard feierte seinen Geburtstag in einem der Zimmer und nicht an der Hotelbar, in der ich erst nach der Geburtstagsrunde Ausschau hielt. Kaum stand ich in dem modern eingerichteten Raum mit dem riesigen Bett und einer eleganten grauen Polstergarnitur, fing Miriam an, mich vorzustellen. Jedem Einzelnen. „Hey Josh, das ist Nadine. Nadine, das ist Josh. Nadine ist grad erst nach New York gezogen." So ging es immer weiter, bis ich zwei Stunden später wie ein Kreisel durchs Zimmer gewandert war und mit allen Anwesenden gesprochen hatte. Mir wirbelten lauter kosmopolitische Namen durch den Kopf. Neelam, Lara, Laura, Dave, Kyoko … „It's soooo nice to meet you! – Es ist sooo schön, dich kennenzulernen!", hörte ich aus jedem Mund mit übertriebener Betonung auf dem „sooo". In meinem Geiste zuckte jedes Mal der Satz „Aber ihr kennt mich doch eigentlich alle noch gar nicht" auf, den ich brav mit einem Lächeln auf den Lippen herunterschluckte. Ich wurde von einem Small Talk zum nächsten gereicht und bewunderte die Amerikaner für ihr Talent der leichten Unterhaltung, das mir eindeutig fehlte. Mühelos konnten hier alle minutenlang ein beiläufiges Gespräch in Gang halten und wirkten dabei völlig entspannt und interessiert dazu. Ich hingegen fühlte mich wie in einer Quizshow, bemüht, immer die richtigen Antworten zu geben, und dabei leicht verspannt. Es klopfte an der Zimmertür und ein Pizza-Boy trug riesige Kartons mit Pizza herein. Das Geburtstagsdinner. Zum Dessert kam Laura, die Frau des Geburtstagskindes, mit einer riesigen, bunten, kitschigen Geburtstagstorte herein, bei deren Anblick allein ich schon Zahnschmerzen bekam. Dazu gab es ein jubelndes „Happy-Birthday-Ständchen" und einen großen Teller Cup Cakes. Kleine Teigtörtchen mit mächtigen Zuckerguss-Häubchen in allen erdenklichen Pastelltönen, die auf keiner amerikanischen Geburtstagsfeier fehlen durften.

„Iss die bloß nicht, die sind wirklich widerlich", hörte ich jemanden über meine Schulter sagen. Ich drehte mich um und vor mir stand ein großes Mädchen mit eigensinnigen blonden Locken, das sich mit Noelle vorstellte. Sie grinste unternehmungslustig wie eine Sechsjährige. Noelle war groß und ihre eher nicht so elfenhafte Statur unterstrich ihre unverblümte Direktheit. Sie war Studentin von Fächern, die auf keinen konkreten Beruf schließen ließen. „Ja, mal gucken, hab noch keine Ahnung, was ich nach dem Studium mal machen möchte", erklärte sie ihre willkürliche Wahl der Fächer. Sie war etwas jünger als ich, aber gab mir gleich zu verstehen, dass sie sich als Einheimische für mich heimatlosen Ausländer verantwortlich fühlte. Das war mir nur recht. Sie kam eigentlich aus Chicago, lebte aber schon seit zwei Jahren in der Stadt. „Du wohnst in Harlem. Das gibt's ja nicht, da wohne ich auch! Du musst unbedingt mal zum Essen vorbeikommen", sagte Noelle. Bingo, endlich eine Leidensgenossin. „Gerne, dann kann ich ausnahmsweise mal zu Fuß nachhause laufen", sagte ich, und wir stießen lachend mit unseren Coronas an. Ich schaute aus dem Fenster und hatte eine Gänsehaut. Das lebhafte Rauschen der Straße war bis in den 18. Stock zu hören. Dieser tiefe nächtliche Einblick in die Stadt, in der es überall flimmerte, blinkte und hupte, war so unwirklich. Unter uns lag der Union Square, die bedeutendste und historischste Verkehrsschnittstelle der ganzen Stadt. Hier trafen sich so gut wie alle U-Bahnen aus den verschiedensten Himmelsrichtungen: Die W-, N-, Q- und R-Trains, die sich von der südlichen Spitze Brooklyns durch Manhattan bis nach Queens schlängeln. Der L-Train, der als einziger horizontal aus dem Westen durch Manhattan stößt und tief im östlichen Brooklyn endet. Die 4-, 5- und 6-Trains, die aus dem hohen Norden der Bronx horizontal durch ganz Manhattan bis in das Herz von Brooklyn fahren. Egal, wo man hier stand, irgendwo hörte man durch die Straßenroste immer eine U-Bahn rattern oder hupen. Überirdisch markiert der Union Square mit der 14. Straße die Grenze zu Downtown Manhattan. Fünf verschiedene Neighborhoods treffen hier aufeinander: der Flatiron District nördlich, Chelsea westlich, Greenwich Village und New York University südlich und Gramercy östlich. Es war schon spät, aber der Park vibrierte. Der Union Square ist so eine Art 24-Stunden-Markplatz. Hier trifft man sich, um in eines der vielen umliegenden Kinos zu gehen, auf dem Farmers Market frisches Gemüse von lokalen Bauern zu kaufen oder einfach nur, um im Sommer auf einer der Wiesen zu liegen und zu lesen oder einem der vielen Unterhaltungskünstler zuzuschauen. Außerdem ist der Union Square bekannt als New Yorks Plattform für politischen Protest. „Wusstest du, dass hier schon im 19. Jahrhundert demonstriert wurde?", fragte mich Noelle. Das wusste ich nicht, aber noch heute fangen die meisten Demos der Stadt am Union Square an oder finden hier ihr Ende. Auch politischen Alleingängern bietet der Platz vor den Treppenstufen auf der Südseite eine perfekte Bühne für ihre Protest-Tiraden gegen Präsident Bush, den Krieg im Irak oder ganz lapidar die Erhöhung der U-Bahn-Tarife.

Wer ein Problem hat, wird es hier lauthals los. Leider ist nicht jedes Problem von öffentlichem Interesse und es wird auch reichlich Unsinn durchs Megafon gebrüllt. „Schlimm wird's, wenn mehrere Parteien um die Wette lärmen. Wenn die Protestanten versuchen, die laut gesungen Mantras der kahl geschorenen, mit Tamburins bewaffneten Hare Krishna-Mönche in den orangefarbenen Kutten zu übertönen", warf ich ein. An manchen Tagen hatten diese monotonen Mantragesänge, die ursprünglich aus Indien stammen und sich seit den Sechzigern in der westlichen Welt ausbreiten, etwas beruhigendes, geradezu Meditatives. Manchmal wünschte ich mir jedoch, ich könnte ihre dominante Geräuschkulisse einfach auszuschalten. Da waren die Hip-Hop-Beats der Breakdance-Jungs besser zu ertragen. Mit ihren gestählten Körpern führten sie die unglaublichsten Verrenkungen vor und waren jedes Mal im Handumdrehen von einem breiten Menschenring mit begeistertem Publikum umzingelt, das bei jeder Nummer euphorisch applaudiert. „Eins steht fest", so Noelle, „egal zu welcher Jahres- und Tageszeit, am Union Square ist immer Bewegung."

Meine E-Mails wurden immer kürzer, meine Anrufe immer seltener. Aus Deutschland gingen die ersten Beschwerden ein. Ich ließe auf einmal nichts mehr von mir hören. Aber die Tage vergingen plötzlich wie im Flug, und ich kam kaum einen Abend vor Mitternacht nachhause. Miriam und Noelle gemeindeten mich in ihren amerikanischen Freundeskreis ein. Anfangs hatte ich jedes Mal noch das Bedürfnis, missionarisch zu erklären, dass Bekannte in Deutschland nicht automatisch Freunde sind. Die Amerikaner hörten mir höflich zu, und ich musste mir bald eingestehen, dass Amerikaner nicht so oberflächlich sind, wie wir Deutschen gerne behaupten.

Thanksgiving stand vor der Tür und damit der bedeutendste amerikanische Feiertag überhaupt. Jedes Jahr am vierten Donnerstag im November findet im Kreise der Familie ein ganztägiger Festtagsschmaus statt, dessen historische Wurzeln bis ins 17. Jahrhundert zurückreichen. Man bedankt sich beim lieben Gott für die hervorragende Ernte. Das natürlich nur noch symbolisch. Trotzdem feiert das komplette Land, von Seattle bis New York, schablonenhaft die gleichen Rituale ab. Eigentlich wird nur gegessen. Den ganzen Tag. Und die Hauptattraktion ist der Truthahn. Über fünf Millionen Vögel brutzeln jedes Jahr an Thanksgiving in den amerikanischen Backöfen. Deshalb nennt man den Tag auch zu Recht „Turkey Day". Wer kein Fleisch isst, bekommt einen Tofurkey serviert – ein aus Tofu geformter Veggie-Truthahn, der dem lebenden Original optisch erstaunlich nahekommt. Dazu kommen Kartoffelpüree, grüne Erbsen, Kürbisgemüse, Cranberry Sauce und Mais auf den Tisch. Überall, ausnahmslos. Als der Monat begann, habe ich mich schon alleine in meiner Wohnung sitzen sehen und war mir sicher, dass ich diesen Tag E-Mail-schreibend zuhause verbringen würde. Mit simplen Pesto-Spaghetti statt Truthahn. Keine Familie, kein Thanksgiving, so dachte ich.

„Natürlich feierst du mit uns", so Noelle. „Bei uns ist auf jeden Fall noch ein Platz frei, wenn du kommen möchtest", lud mich Vanessa ein. „Wir würden uns freuen, wenn du dabei bist", sagte Miriam. So hatte ich kurz vor Thanksgiving gleich drei Einladungen.

In großen Städten wie New York werden Freundeskreise zum Familienersatz. Restaurantgesättigte Menschen, die 364 Tage ignorieren, dass sie einen Herd haben, veranstalten plötzlich große Koch-Orgien. Ich entschied mich, mit Noelle und ihren Freunden von der Uni zu feiern. In Brooklyn. Um 11 Uhr morgens saß ich schon im Zug, und hätte ich geahnt, dass man an Thanksgiving nichts anderes tut, als den ganzen Tag zu essen, hätte ich mir das Frühstück ganz sicher gespart. Kaum stand ich in der Tür, hatte ich schon einen Prosecco in der Hand und einen mit Schafkäse überbackenen Champignon im Mund, während der Gastgeber Justin mit dem Shrimpscocktail auf mich zueilte und schrie: „Den musst du unbedingt sofort probieren!" Als Noelle den Ofen öffnete, um mir stolz den Truthahn zu präsentieren, musste ich ernsthaft staunen. Neben diesem Viech sah jedes deutsche Hähnchen aus wie ein schmächtiges Küken.

Am frühen Nachmittag hatte ich schon einen ordentlichen Schwips trotz der soliden Grundlage, bestehend aus allerhand liebevoll zubereiteten Amuse-Geule, die in regelmäßigen Abständen aus der Küche direkt in meinen Mund getragen wurden. „Ich kann nicht mehr, Noelle", versuchte ich diese Völlerei zu stoppen, und mir wurde fast ein bisschen schlecht, als ich an den „Pumpkin Pie" (würziger Kürbiskuchen) dachte, den ich zum Dessert mitgebracht hatte. Keine Chance. Probieren war Pflicht. Um sechs Uhr stand dampfend der Truthahn auf dem Tisch, umgeben von etlichen Schüsseln mit den üppigen Thanksgiving-Beilagen. Mein Magen hatte sich bis dahin erstaunlicherweise an die ununterbrochene Nahrungsmittelzufuhr gewöhnt, und selbst der Pumpkin Pie passte noch rein. Danach war ich so satt wie noch nie in meinem ganzen Leben zuvor. Wir saßen mit zehn Leuten an einer festlich gedeckten Tafel, und auch wenn ich kaum jemanden kannte, fühlte ich mich das erste Mal in New York so richtig zuhause. Noelle bat alle Anwesenden der Reihe nach vorzutragen, wofür sie dankbar waren. Ganz nach Tradition. Das fand ich unglaublich schön und überlegte gleich, wie man diesen Tag nach Deutschland importieren könnte. Als ich an der Reihe war, musste ich keine Sekunde überlegen. Ich wusste haargenau, wofür ich mich in diesem Moment bedanken wollte.

Dezember

DAS TEMPO DER STADT hatte mich eingeholt. Im Aufzug auf dem Weg in mein Büro im 26. Stock merkte ich plötzlich, dass ich ganz ungeduldig wurde, sobald mehr als vier Leute zustiegen. Und das passierte ziemlich häufig. Ich ertappte mich dabei, wie ich leicht genervt dachte: „Ach Gott, die wollen bestimmt alle vorm 26. aussteigen." Wenn ich Leute aus der Lobby auf die noch geöffnete Tür zueilen sah, hoffte ich manchmal sogar, dass die sich rechtzeitig schloss. Natürlich war das vollkommen unsozial, und noch im gleichen Augenblick hatte ich ein schlechtes Gewissen. Diese minimale Verzögerung von zehn Sekunden pro Stopp machte wirklich keinen Unterschied. Vor allem nicht, wenn ich, wie so oft, zuhause getrödelt hatte und sowieso schon dementsprechend spät dran war. Dennoch fühlte ich mich ausgebremst. Der New Yorker Geschwindigkeitsvirus hatte mich also endlich erwischt und mich ganz nebenbei meiner Geduld beraubt.

Noch vor wenigen Wochen hatte ich über die permanent hetzenden Menschen in dieser Stadt verständnislos den Kopf geschüttelt. Diese Leute, die sich von nichts bremsen lassen und auch bei Rot konsequent über die Ampel rennen. Alle, selbst die Verkehrspolizisten. Auch vor Kinderaugen wird nicht Halt gemacht. Die werden einfach mit rübergezerrt. „Jaywalking" nennt man das, und es ist in New York genauso wie in Deutschland ein Verkehrsdelikt. Der Unterschied ist, dass man hier keine fünfzig Euro loswird, sondern, sobald man auch nur einen Moment zögert, genervt überholt wird. Letztendlich treibt einen der Sog Menschen sowieso mit auf die andere Straßenseite. Das sieht so aus: Ein Haufen Leute sammelt sich an der Kreuzung, die Ampel zeigt Rot. Ungeduldig drängeln sich alle so weit auf die Straße, wie es eben geht. Wenn das letzte Auto vorbeigerauscht ist, bricht diese aufgestaute Flutwelle einfach los, ohne überhaupt noch einmal auf die Ampel zu schauen. Dass noch längst nicht Grün ist, interessiert niemanden. Jede Sekunde zählt.

Noelle zum Beispiel rannte jedes Mal, wenn wir in der U-Bahn die Treppen herunterkamen, zwanghaft umgehend in die eine oder die andere Richtung, statt einfach an Ort und Stelle auf den Zug zu warten. „Warum bleiben wir nicht hier stehen?", fragte ich sie. „Weil wir an der West 4th vorne aussteigen müssen, damit wir gleich die Treppe hoch zum richtigen Ausgang kommen", antwortete Noelle, als wäre dieser Zeitvorsprung überlebensnotwendig. Diese Minute Unterschied ist doch völlig wurscht, dachte ich noch vor wenigen Wochen und war von Noelles angestrengter Zeitsparmaßnahme überfordert. Mittlerweile wusste ich selbst von jeder U-Bahn-Station ganz genau, wo man in welchen Zug steigen musste, um an der gewünschten Treppe zum Ausgang oder Umsteigen abgesetzt zu werden. Warum Zeit vergeuden, wenn man sie auch sparen kann, war plötzlich meine Einstellung.

Ich weiß nicht mehr genau, ob es der Dezember war, der mich besonders auf die Probe stellte, oder ob dieser Monat erst dazu führte, dass ich plötzlich keine Geduld mehr hatte. Die Weihnachtssaison hatte begonnen, und mein Büro lag wie ein Aussichtsturm mittendrin. Jeden Tag spuckten Busse Hunderte von Touristen aus dem ganzen Land auf die Gehwege Midtowns. Seniorengruppen liefen aufgeregt wie Schulkinder hin und her, ohne sich dabei von der Stelle zu bewegen. Erzieher manövrierten ihre kleinen Schützlinge in mit Seilen abgesteckten Quadraten und blockierten damit den kompletten Bürgersteig. Und die Weihnachts-Hauptattraktion befand sich ausgerechnet im Erdgeschoss unseres Gebäudes: „The Christmas Spectacular" in der Radio City Hall. Wegen derer allein lungerten am Jahresende eine Million Besucher vor unserem Eingang rum und verstopften alles.

Die Show sei amerikanisches Weihnachts-Pflichtprogramm, erklärte mir Noelle, als ich mich über den Massenandrang beklagte. Tradition seit über siebzig Jahren. Jeder Ami muss sich mindestens ein Mal in seinem Leben die Rockettes anschauen, die mit ihren langen schlanken Beinen über die Bühne tanzen. Die Durchschnittszuschauer, die mir jeden Tag den Weg zum Mittagessen versperrten, neigten hingegen eher zu Übergewicht. Ich hatte mich schon die ganze Zeit gefragt, wo hier die Fast-Food-Nation-Exemplare rumlaufen. Und es stimmte wie so oft: New York ist nicht Amerika. Aufgefallen waren mir in dieser Stadt, ganz im Gegenteil, bisher nur die Bohnenstangen in Kleidergröße null. XXL-Gestalten sah man hier kaum mehr als in Hamburg. Das ändert sich mit dem Beginn der Weihnachtszeit. Der Midwest, das provinzielle Amerika, fiel über Midtown her. Auffallend viele Super-Size-Körper ruderten mit ihren Armen und hochroten Köpfen schnaufend von Block zu Block. „Kein Wunder, die fahren zuhause ja selbst zum Briefkasten mit dem Auto. Von der 6th bis zur 5th Avenue zu laufen ist für manche sicher schon ein kleiner Marathon", spottete meine Kollegin Daniela, als wir mittags mal wieder hinter einer schleichenden Reisegruppe älteren Jahrgangs feststeckten.

Die Frauen trugen Einheits-Anoraks, makellos weiße Reeboks und schrieen sich gegenseitig aufgeregt ins Gesicht. „O mein Gott, schaut mal, da steht ein Kamel auf dem Bürgersteig!", quietschte eine. Daniela und ich schauten uns an, rollten mit den Augen. Nein, die Frau hatte nicht ihren Verstand verloren. Das Kamel war Teil der Christmas Show und hier, so zusammenhangslos auf dem Bürgersteig mitten in New York, natürlich eine Sensation. Ah ja, da kamen auch gleich Santa Claus aus der Tür und einige seiner Elfen. Die Frauen kicherten laut und aufgeregt und übertönten damit meinen knurrenden Magen. Ich hatte Hunger. „Lass uns auf dem Rückweg durch die unterirdische Passage zurücklaufen", schlug Daniela vor.

Wir hätten es besser wissen sollen. Die Rolltreppe spuckte uns direkt in den nächsten Menschenstau. Wie in einer verstopften Arterie arbeiteten wir uns langsam vor. Vorbei am Schuster, vor dem die Touristen laut staunend durch die Scheibe starrten. Aufgereiht saßen dort Männer in schicken dunklen Anzügen auf erhöhten Stühlen, die wie kleine Throne wirkten. In der Hand hielten sie die Times oder die New York Post und lasen. So unbeteiligt, als wüssten sie gar nicht, dass vor ihnen kleine Mexikaner in weinroten Poloshirts und schwarzen Schürzen hockten und ihre Lederschuhe auf Hochglanz polierten. „Ich kann mich, ehrlich gesagt, auch nicht an diesen Anblick gewöhnen. Das hat so etwas Kolonialistisch-Ausbeuterisches", sagte ich zu Daniela. „Ich weiß, was du meinst. Aber entweder hätten die sonst gar keinen Job oder sie würden in irgendeiner Restaurantküche für 'nen Hungerlohn schuften." Natürlich hatte Daniela Recht.

Abends im Büro hörte ich 26 Stockwerke unter mir hysterische Teenager in Intervallen kreischen und jubeln. „Was ist denn da los?", wunderte ich mich. „Ach, im Dezember finden ständig Konzerte am Rockefeller Plaza statt. Das wird noch den ganzen Monat so weitergehen. Da musst du dich dran gewöhnen", antwortete Vanessa lakonisch. Der Lärmpegel erreichte seinen Höhepunkt, als der traditionelle Christmas Tree das erste Mal erleuchtet wurde. Eine aufwendige, gut vermarktete Zeremonie, die im Fernsehen übertragen wurde und am nächsten Morgen sogar das Titelbild der Times zierte. Der offizielle Start der Weihnachtssaison.

Die Tanne stand direkt hinter der goldenen Prometheus-Statue an der Schlittschuhbahn. Mittags schauten wir uns dort manchmal die Eisläufer an. Meine Lieblingsläuferin war eine junge Frau in einem rosafarbenen, hautengen Anzug. Jeden Tag drehte sie dort ihre Pirouetten. „Die ist so konzentriert, als wenn ihr eine Richterjury zuschauen würde", bemerkte Vanessa. „Ja, irgendwie traurig, dass stattdessen lauter Touristen und Büromenschen wie wir hier stehen und nur mal kurz emotionslos vom Mittagessen aufschauen", antwortete ich, während ich in mein Sandwich biss.

Über dieser Kulisse wachte der majestätische Weihnachtsbaum, für dessen Entdeckung schon im Sommer ein Spezialteam ausrückt. Gesucht wird die schönste Tanne im ganzen Land. Per Helikopter. Etliche Menschen schicken alljährlich Bewerbungsschreiben, in der Hoffnung, dass ihre Riesentanne die ruhmvolle Reise nach New York antritt. 30 000 rote, blaue und weiße patriotische Glühbirnchen schmückten den fast dreißig Meter hohen Baum. „Ich bin mir sicher, die mogeln und plustern die Tanne mit Ästen von anderen Tannen auf", behauptete ein Freund aus Deutschland einmal. „Quatsch, auf keinen Fall", entgegnete ich. Diesen Weihnachtsbetrug würde New York sich niemals verzeihen.

„Gerd, den hatt ick mir vill jrößa vorjestellt. Det is ja 'n mickrijes Ding", moserte mittags ein Frau neben mir. Wir Deutschen, typisch – immer was zu meckern. Ich hielt mir innerlich den Mund zu. „Jetzt nur keine Silbe von dir geben", bremste ich mich im Geiste selber aus. Zugegeben, der Baum verschlug einem nicht gerade die Sprache, aber vor den riesigen Rockefeller-Türmen war es für einen Baum fast unmöglich, höhenmäßig zu beeindrucken. Irgendwie hatte ich das Bedürfnis, die Tanne zu verteidigen. Aber diese Blitzgespräche voll unnötiger Offenheit, die man nur führte, weil man in der Fremde fremden Deutschen plötzlich nicht mehr fremd sein durfte, waren ermüdend und alle gleich. Deshalb schwieg ich lieber.

Die Weihnachtseuphorie steigerte sich von Tag zu Tag. Die Schaufenster auf der 5th Avenue weihnachteten um die Wette und Kaufhäuser wie Saks und Macy's versuchten, sich gegenseitig mit ihren glamourösen Dekorations-Orgien zu übertrumpfen. So auch die Touristen, die Rekorde im Shoppingtüten-Tragen aufstellten und sich damit den Weg freischubsten. Es war mittlerweile ziemlich kalt geworden. Und kalt bedeutet hier wirklich kalt. Eiskalt. Die armen Budenverkäufer hatten sich bis zur Unkenntlichkeit mit Schals und Mützen vermummt. Es qualmte von ihren Grillrosten in die kalte Winterluft. Der Duft von gebackenen Kastanien konkurrierte mit dem gerösteter Mandeln. Aus den U-Bahn-Schächten quollen warme weiße Dunstwolken durch die Bürgersteigroste. Weihnachtsmusik drang schwallweiße aus den Läden, sobald sich die Türen öffneten.

Auch mich hatte der Kaufrausch erwischt. Schließlich lebte ich in der Weihnachtsshopping-Welthauptstadt. Ich wollte meine deutschen Freunde und meine Familie natürlich mit originellen Weihnachtsgeschenken beeindrucken.

Das mühsame Einpacken vor meiner Abreise hätte ich mir allerdings sparen können. Gleich nach der Landung in Hamburg wurde ich mit meinen schweren Taschen in das Hinterzimmer des deutschen Zolls eskortiert. Dort durfte ich dann alle Geschenke auspacken. Ich hatte Glück im Unglück. Alle Dinge, die zum Vorschein kamen, wurden von den Beamten als Geschenke und nicht als eingeschmuggelte Ware identifiziert. Ich musste keinen Zoll nachzahlen und hatte kein Strafverfahren am Hals. So packte ich alles wieder in die Tasche, und das Geschenkpapier landete im Müll, noch bevor das Weihnachtsfest begonnen hatte.

Vor meiner Abreise gab es allerdings noch etwas Wichtiges zu erledigen. Ich wollte mir eine neue Wohnung suchen. Ich hatte mich entschieden. Meine Zeit in Harlem war beendet. Das nächste Jahr wollte ich in einer neuen Neighborhood beginnen. „Überleg dir das gut, eine eigene Wohnung wirst du für das Geld nie wieder finden", warnte mich Vanessa. Wir standen in der Küche und bereiteten unseren Lunchsalat zu. In der Weihnachtszeit die schnellere Alternative.

„Egal. Ich bin bereit, zu teilen und mich durch den New Yorker Wohnungsmarkt zu kämpfen", sagte ich, ohne zu wissen, was für ein Immobilienschlachtfeld auf mich wartete. Die Leerstandsrate lag bei unter einem Prozent. Das erklärte, warum die Vermieter ein Vermögen für winzige Wohnungen verlangen konnten, für das man in Deutschland ein ganzes Haus plus Garten bekommen hätte. Ein Studio in SoHo zum Beispiel kostete im Schnitt über 2000 Dollar. Und in ein Studio in dieser Stadt passten so gerade mal ein Bett und ein Tisch. Wenn man Glück hatte, beinhaltete die in den Raum integrierte Küchenzeile sogar eine Arbeitsfläche. Wenn nicht, musste man sein Gemüse auf dem mit einem Brettchen überdeckten Spülbecken schnippeln. Das Bad war meistens so klein, dass man es lieber Nasszelle nennen sollte. Der durchschnittliche Mietpreis für Apartments mit zwei Schlafzimmern bei Wohngemeinschaftsbedarf lag bei etwa 4500 Dollar. „Two-Bedroom"-Apartments sagten die New Yorker dazu. Ganz offensichtlich waren einige davon in ihrer Vergangenheit mal „One-Bedrooms", in die man einfach eine dünne Zwischenwand gezogen hatte. Und fensterlose Schlafzimmer waren Standard.

All das erklärte mir Noelle am darauf folgenden Wochenende im Detail, als ich ihr beim Umzug half. Auch sie hatte Harlem verlassen. Sie wusste also, wovon sie sprach. „Ich habe mir ungefähr zwanzig Wohnungen in Manhattan angeschaut, und nicht mal eine davon kam in Frage", entmutigte sie mich, „schlimmer noch, für diese Abstellkammern, die Leute als WG-Zimmer untervermieten, wollen die immer noch über tausend Dollar haben." Noelle hatte Manhattan aufgegeben und war nach Brooklyn ausgewichen. Nach Greenpoint, dem polnischen Viertel. Noelles neue Wohnung lag in einem zweigeschossigen Gebäude in einer der vielen Seitenstraßen, in denen hauptsächlich einfallslose Zweifamilienhäuser mit verwitterten Billig-Fassaden standen. Die größeren Avenues, wie die Greenpoint und Manhattan Avenue, waren von grellen Ramschläden und bunten Bodegas gesäumt. Das Klischee vom Osteuropäer, der zu viel trinkt, hatte sich in Greenpoint in der Dichte der „Liquor Stores" verwirklicht. Es gab an jeder Straßenecke mindestens einen. „Liquor Stores" sind Spirituosen-Fachgeschäfte, die über eine Verkaufslizenz für Hochprozentiges verfügen. Ohne ist der Verkauf von Alkohol verboten.

Ich war ziemlich irritiert, als ich das erste Mal im Supermarkt auf der Suche nach einer Flasche Wein durch die Regalreihen irrte und letztendlich mit einem Sixpack Bier an der Kasse endete. Bier darf wegen des niedrigen Alkoholgehaltes fast überall verkauft werden. Wein nur in Fachgeschäften.

Die Männer, die mir auf dem Weg zu Noelles neuer Wohnung begegneten, hatten eindeutig einige Umdrehungen zu viel intus. Leere Wodkaflaschen lagen wie Beweisstücke zu ihren Füßen. Wie abgestellt standen diese Männer einfach auf dem Bürgersteig rum, in billigen Lederjacken und mit zurückgekämmtem Haar. Sie diskutierten lallend mit ihren Kumpels, nicht in der Lage, ihr Gegenüber länger als eine Sekunde zu fixieren, bevor der glasige Blick auf die Bordsteinkante abrutschte. Für so manchen hier der einzige Horizont. Es war kurz vor zwölf, der Nachmittag hatte noch nicht mal angefangen.

Ich bog in die Seitenstraße ein und war überrascht über die Vorstadt-Atmosphäre. Wie New York fühlte sich das hier nicht an.

„Ich würde wirklich sehr gerne in Manhattan bleiben", sagte ich fast flehend und stellte mir vor, jeden Abend auf dem Weg nachhause an diesen Schnapsleichen vorbeilaufen zu müssen. „Brooklyn ist ein Kompromiss, aber dafür bekommst du für dein Geld einfach viel mehr Wohnqualität. Vor allem Platz." Noelle stellte schnaufend einen Umzugskarton ab und schweifte mit einem stolzen Blick demonstrativ über ihr neues, großes Wohnzimmer. Ich nickte zustimmend, wischte mir den Schweiß von der Stirn und ließ mich auf dem Karton nieder, den ich gerade hochgetragen hatte. „Ich bin ja nur froh, dass du keine Waschmaschine hast", sagte ich zu ihr und war erleichtert, dass

New Yorker mit leichtem Gepäck umziehen. „Warum sollte ich eine Waschmaschine haben, hier gibt's doch überall Waschsalons", antwortete sie ahnungslos.

Ich hatte mich immer noch nicht daran gewöhnt, dass ich hier fremde Leute dafür bezahle, meine dreckige Wäsche zu waschen. Ganz selbstverständlich. Für schwere Waschmaschinen gab es in den winzigen Mietwohnungen nämlich entweder keinen Platz oder keine Anschlüsse. Deshalb waren die Waschsalons nicht nur praktisch, sondern notwendig und überall. Die gute deutsche Miele vermisste ich trotzdem. Denn so richtig weiß wurde meine weiße Wäsche schon jetzt nicht mehr. Beim Umzug vermisste ich die gute Miele auf jeden Fall nicht. „Und der schwergewichtige Eiche-rustikal-Kleiderschrank bleibt uns auch erspart", murmelte ich vor mich hin. „Wozu ein Kleiderschrank?", fragte Noelle, „ich habe noch nicht mal genug Klamotten, um meine beiden Wandschränke vollzuhängen." Dass eingebaute Wandschränke in Deutschland nicht Standard sind, fand Noelle sehr merkwürdig. Ich eigentlich auch. Nichts ist praktischer und schöner als ein Einbauschrank.

„Eine Two-Bedroom-Wohnung musst du dir erst gar nicht anschauen", ging Noelles Vortrag zur Wohnungssuche weiter, als ich laut darüber nachdachte, mir erst eine eigene Wohnung und dann den passenden Mitbewohner zu suchen. „Um von einer Hausverwaltung einen Mietvertrag zu bekommen, brauchst du nämlich definitiv einen ‚Credit Report'", fuhr Noelle fort. Was zum Teufel ist ein „Credit Report"?

„Die Banken protokollieren, wie zuverlässig du deine Kreditkartenrechnungen bezahlt hast. Und darauf kann dann jeder zurückgreifen, der deine finanzielle Glaubwürdigkeit checken möchte", erklärte sie. „Und nach drei Monaten hast du sicher noch keine, oder?" Nein, ich besaß zu diesem Zeitpunkt noch keine amerikanische Kreditkarte, somit auch keinen Beweis für meine finanzielle Glaubwürdigkeit. „Ich würde aber wirklich gerne in Manhattan bleiben", insistierte ich kleinlaut und wollte meine Hoffnung trotz allem nicht aufgeben.

Dann kam alles anders als erwartet. Ich musste weder meine Zahlungsfähigkeit beweisen, noch frustrierende Wohnungen besichtigen, noch nach Brooklyn ausweichen und landete letzten Endes trotzdem dort. Alles war plötzlich ganz einfach.

Es fing damit an, dass mein Kollege Christian und ich auf eine Vernissage in Tribeca eingeladen waren. Am Ende des Abends hatte ich ein WG-Zimmer. Quasi in der Galerie, die eigentlich ein Loft war, das einer Deutschen namens Ute gehörte. In dem vorderen großen, hohen Raum mit dem Betonfußboden wurde Kunst ausgestellt. Im hinteren Bereich wohnte und arbeitete Ute. Irgendwo dazwischen lag meine potentielle zukünftige Wohnbox. Anders konnte man das links oben in die Galerie gebaute Zimmer nicht nennen. Statt eines Fensters hatte diese Box zwei semitransparente Wände, durch die das Licht aus dem Hauptraum dämmerte. Um in das Zimmer zu gelangen, musste man über eine Treppe ein Stockwerk höhersteigen und dann über eine Art Brücke ohne Geländer zur Tür balancieren. Ich fühlte mich wie in einem urbanen Baumhaus. „Das Zimmer wird zufällig nächstes Jahr frei. Wenn du willst, kannst du einziehen", bot Ute mir an. Ermutigt durch mehrere Gläser Sekt sagte ich noch am selben Abend zu. Bedenken über mangelnde Privatsphäre spülte ich einfach mit noch mehr Sekt herunter. Genau so hatte ich mir mein Leben in Downtown vorgestellt, redete ich mir ein. Ein cooles Loft in Tribeca und als Vermieterin ein kreatives

Multitalent. Was Ute ganz genau machte, war mir nicht klar, weil sie irgendwie alles machte und jeden kannte. Sie brachte ein eigenes Kunstmagazin heraus, einen City Style Guide, managte ihre eigene Galerie, vermietete einige Zimmer, und Mode entwarf sie auch.

Einige Stunden und eine lange U-Bahn-Fahrt später lag ich glücklich im Bett. Bevor meine Wohnungssuche überhaupt begonnen hatte, konnte ich sie erfolgreich abschließen. Die Pendelei hat bald endlich ein Ende, war mein letzter Gedanke, bevor ich einschlief.

„Nadine, ich habe eine Wohnung für dich", begrüßte Vanessa mich freudestrahlend am nächsten Morgen im Büro, „in Williamsburg, im Haus einer Holländerin. Ich habe dort mal für ein paar Monate gelebt. Du wirst es lieben. Sie hat gestern bei mir angerufen und gefragt, ob ich jemanden kenne, der ein Zimmer sucht." Ich musste grinsen. „Du wirst es nicht glauben, aber ich habe schon ein Zimmer", lachte ich und erzählte ihr von der Galerie in Tribeca.

„Das klingt ja alles ganz nett, aber willst du wirklich in so einer Box wohnen? Und was ist, wenn die ständig Galeriepartys feiert?", gab Vanessa zu bedenken. So weit mochte ich eigentlich noch gar nicht denken. „Dann feiere ich einfach mit", sagte ich und wollte Vanessas Zweifel damit wegwischen. „Du musst dir bitte Paulas Haus anschauen. Die Wohnung ist so niedlich, es gibt sogar einen Garten, und Williamsburg ist echt nett", beharrte sie, dippte wie jeden Morgen einen Almond Biscotto in ihren schwarzen Kaffee und wusste, dass sie Recht hatte.

„Williamsburg liegt in Brooklyn, und da wollte ich ja eigentlich nicht so gerne hinziehen", antwortete ich. Auf der anderen Seite war ich am Wochenende sowieso dort zum Brunch verabredet. „Okay, gib mir Paulas Nummer. Ich kann's mir ja mal anschauen."

Drei Tage später saß ich im Zug auf dem Weg nach Williamsburg. Ich musste am zentralen Union Square umsteigen. Von dort war ich in weniger als zehn Minuten da. Williamsburg war nur einen Stopp von Manhattan entfernt, direkt auf der anderen Seite des East River. Ich stieg aus und spürte es sofort. Die Stimmung war anders. Alles war kleiner, niedriger, ruhiger, langsamer und trotzdem voller Leben. Vor allem: Man konnte ganz viel Himmel sehen.

Junge Leute überall. Hipster, so individuell gekleidet, dass sie doch alle irgendwie gleich aussahen. Der Ausgang führte mich auf die Bedford Avenue, Williamsburgs Hauptschlagader. Hier gab es kleine Cafés, winzige Boutiquen, einen tollen Plattenladen, ein Yogastudio. Vor einem Haus auf der Holzbank saß ein Typ mit einem Handtuch über den Schultern. Seine Freundin schnitt im gerade die Haare. Und das mitten im Winter, dachte ich und freute mich irgendwie über diesen absurden Anblick. Ich holte einen Reiseartikel über Williamsburg aus meiner Tasche, den ich irgendwann mal aus dem Wallpaper Magazin gerissen hatte. Sobald ich mich von der Bedford entfernte, machten die Straßen einen recht braven und verschlafenen Eindruck. Richtung East River lagen hauptsächlich alte Industriegebäude, deren Loftetagen zum Teil unbewohnt, zum Teil in großzügige Apartments umgebaut waren. Auf der anderen Seite Richtung Osten standen eine Menge langweilige, leblose Einfamilienhäuser, ein bisschen wie in Noelles neuem Viertel Greenpoint, das gleich oberhalb von Williamsburg im Norden lag. Aber während ich die in dem Artikel erwähnten Stationen ablief, stieß ich plötzlich wie aus dem Nichts auf lauter andere tolle kleine kreative Läden, die sich in dieser ungeschliffenen Nachbarschaft eingenistet hatten.

Ein Interior-Laden, der wunderschöne Vintage-Möbel und nostalgische Wohnaccessoires verkaufte. Eine minimalistisch eingerichtete Parfüm-Boutique im Beton-Look, in deren Regalen Duftnoten wie „Winter", „Erster Sommerregen" und „Gurkensandwich" standen. Eine Modedesignerin, die ihre wenigen Entwürfe in einer Galerie ausstellte.

„Eine Menge junger Künstler, die sich die Mieten in Manhattan nicht leisten konnten, haben sich mit ihren Studios in den großen Lofts eingerichtet", hatte mir Vanessa erzählt. „Wie ein Magnet haben sie die junge kreative Szene New Yorks über den East River gezogen. Und mittlerweile natürlich auch die Immobilienmakler, die hier leider schon ihre Spuren hinterlassen haben: Überall schießen schnieke Condo-Gebäude in die Höhe." Stimmt, auch die sah ich.

Ich lief und lief, und der Morgen wurde zum Mittag. Unbemerkt. Ich holte mir im Café Verb einen Chai Latte und wärmte mir die Füße auf. An den Tischen saßen die meisten Leute allein, schrieben an ihrem Laptop oder lasen die New York Times. Es war fast zwei Uhr, und ich machte mich auf den Weg zum Diner „Relish", wo ich Noelle zum Brunch traf.

„Wir schauen uns die Wohnung auf jeden Fall an", erwiderte Noelle, als ich laut überlegte, die Apartment-Besichtigung einfach ausfallen zu lassen. „Mir gefällt Williamsburg ja auch echt gut, aber ich kann doch Ute nicht einfach wieder absagen", sagte ich. Noelle schaute mich fragend an. „Are you serious? Natürlich kannst du ihr absagen. Jederzeit. Das machen alle, ist doch ganz einfach. Also, ihr Deutschen, dass ihr immer so korrekt sein wollt." Ich holte tief Luft, war einen kleinen Moment lang beleidigt. Aber sie hatte ja Recht. Deutsche wollen immer alles richtig machen. „New Yorker versuchen das erst gar nicht. Hier muss man flexibel sein. Hier prallen so viele Leben, Kulturen und

Ansichten aufeinander. Man muss alles akzeptieren, aber es ist unmöglich, es immer allen recht zu machen", sagte sie.

Ich gab mich geschlagen. Wir bestellten die Rechnung, und ich faltete meinen kleinen Plan aus. South 3rd Street. Etwa acht Blöcke von hier.

Das Haus war, wie Vanessa es versprochen hatte, sehr niedlich. Ein altes Brownstone mit dem typischen Treppenaufgang, die Fassade von Efeu überwuchert. Wir stiegen die Stufen hinauf und klingelten. Eine attraktive, große Frau in den Fünfzigern öffnete uns die Tür: Paula. Ihr leicht gewelltes Haar stand zu allen Seiten, sie hatte ein großes Holzfällerhemd und eine Jeans an, beides mit Farbklecksen übersät. „Entschuldigt mein Outfit, ich komme gerade aus meinem Atelier", begrüßte sie uns. „Die Wohnung, in der das Zimmer frei ist, liegt unterm Dach. Das andere Mädchen, das dort wohnt, heißt Valerie." Paulas Haus war das genaue Gegenteil von Utes coolem, minimalistischen Loft. Es sah aus wie ein Puppenstübchen. Eine schmale Holztreppe führte vorbei an alten Schränken, antiquarischen Bildern, Teppichen, mit antiken Fundstücken eingerichteten Vitrinen und einem Klavierzimmer. Pauline öffnete die Tür zur Dachgeschosswohnung. Wir standen in einem riesigen Wohnzimmer mit Parkettboden und der gleichen Puppenhauseinrichtung wie im restlichen Haus. Im Badezimmer standen eine wunderschöne alte Wanne mit Zierfüßen und ein großes Keramikwaschbecken mit antiken Armaturen. Mein Zimmer lag direkt hinter einer gemütlichen Wohnküche mit Holztisch. Ich blickte aus dem Fenster, und die Entscheidung war gefallen. Wer wollte schon in einer kleinen Box ohne Fenster in Tribeca wohnen, wenn sich dies als Alternative bot: Aus dem Schlafzimmerfenster schaute ich direkt in einen wunderschönen

Garten und in der Ferne am Horizont ragte die bekannteste Spitze New Yorks gut sichtbar in den Himmel: das Empire State Building. Das war mehr gefühltes New York, als ich in Manhattan jemals hätte haben können.

Januar

„FIVE, FOUR, THREE, TWO …!", schrie die komplette Party-
gesellschaft und brach in lauten Jubel aus, als der Count-
down bei „one" angelangt war. Noelle, Vanessa und ich lagen uns in den Armen, stießen mit Sekt an und feierten
den Jahreswechsel. Eigentlich war alles perfekt, aber irgendetwas fehlte. – Das Feuerwerk! Meine erste Silvesterparty
in New York, und ich hatte nicht damit gerechnet, dass ich
nicht nur meine Freunde, sondern auch die Knallerei, die
im Hamburger Sankt Pauli schon Tage vorher die Nachbarschaft terrorisiert, vermissen würde. Wir standen in einem
riesigen Loft in SoHo, und nachdem das Massen-Anstoßen
beendet war, schienen die Leute umgehend vergessen zu
haben, dass gerade ein neues Jahr begonnen hatte. Alles
war „back to normal". So, als ob gar nichts Besonderes ge-
schehen wäre, fingen die einen wieder zu tanzen an, die
anderen zu reden. Ich jedoch hatte das Bedürfnis, die
Ankunft im neuen Jahr auszudehnen, diesen Augenblick
gebührend zu zelebrieren. Mir erschien dieser Raum, auch
wenn er groß war, einfach zu klein für einen Moment wie
diesen. Ich wollte mit einer Flasche Sekt auf der Straße stehen, in den endlosen Himmel starren, leicht beschwipst das
bunte, knallende Spektakel bewundern, euphorisch Freunde und Fremde in Reichweite umarmen und in guten Vor-
sätzen schwelgen.

„Was sollen wir denn draußen. Da ist doch niemand,
und außerdem ist es viel zu kalt", sagte Vanessa, als ich laut

überlegte, ob man nicht mal kurz schauen sollte, was auf der Straße so los war.

Und da war natürlich nichts los. Außer ein paar einsamen Taxis bewegte sich nichts. Ich vermutete, dass nicht die Kälte daran schuld war, sondern der Alkohol. Oder vielmehr die aufgezwungene Abstinenz vom Alkohol. Da das Trinken in der Öffentlichkeit in New York verboten ist, verbrachte niemand den Jahreswechsel trocken vor der Tür. Denn selbst die braunen Papiertüten, die jahrelang als Tarnung geduldet wurden, sind mittlerweile illegal.

Ich hatte in den letzten Wochen oft ahnungslos, naiv und auch ein bisschen demonstrativ versucht, mich über dieses Gesetz hinwegzusetzen. Aber meine amerikanischen Freunde ließen sich nie darauf ein. „Lass uns erst die Drinks austrinken. Du weißt doch, dass es viel Geld kostet, wenn du draußen von einem Cop erwischt wirst", lautete die Pauschalantwort. Selbst die Rauchergrüppchen, die sich vor jeder Party versammelten, hielten sich überraschenderweise strikt an die Regeln. Draußen kein Drink. Drinnen keine Zigarette.

Letzteres gefiel mir allerdings ziemlich gut. Nach fünf Tagen Weihnachtsferien in verqualmten deutschen Restaurants und Bars war ich zum militanten Nichtraucher mutiert. Was ich früher schweigend hingenommen hatte, konnte ich nach drei rauchfreien Monaten nicht mehr ertragen. Meine Augen tränten, meine Haare und Klamotten stanken, und der Hustenreiz begleitete mich bis zum Flughafen. Ich hatte im qualmfreien New York meine Zigaretten-Toleranz verloren.

„Wenn dir ein Silvesterspektakel lieber gewesen wäre, hätten wir zum Times Square fahren müssen", sagte Vanessa. „Wieso? Findet dort ein Feuerwerk statt?", fragte ich unwissend. „Nein, dort wird der ‚New Year's Eve Ball‘ runtergelassen", antworte sie, als hätte ich im Geschichtsunterricht nicht aufgepasst.

Ein Ball? Eine Kristallkugel, um genauer zu sein. 1070 Pfund schwer, 1,8 Meter im Durchmesser, bestehend aus 504 Waterford-Kristall-Dreiecken, die mit Hilfe von 168 Glühbirnen außen und 432 Glühbirnen innen zu jedem Jahreswechsel etwa eine Million Menschen anstrahlen. Was daran so spektakulär ist, habe ich bis heute nicht kapiert. Das Runterlassen dieser Kugel signalisiert das Vergehen der Zeit, und es kam mir etwa so spannend vor, wie einer Sanduhr beim Rieseln zuzuschauen. Aber Amerikaner quetschen sich dafür schon nachmittags in die Menschenmenge am Times Square.

Und hier bekam ich selbst an ganz gewöhnlichen Tagen Platzangst. Denn am Times Square ist es voll, laut, grell und stickig. Immer, Tag und Nacht. Die Touristen schubsen sich den Weg frei. Der Verkehr dröhnt. Die Fahrer am Steuer gehen sich mit ihrem Gehupe gegenseitig auf die Nerven. Die Leuchtreklamen an den Fassaden blinken so hysterisch, dass einem ganz schwindelig wird.

Noch vor zwanzig Jahren war das ganz anders. Da lungerten hier nur Junkies und Prostituierte herum, und es gab keine Touristen, die sich in das heruntergekommene Rotlichtviertel gewagt hätten. Dann räumte der damalige Bürgermeister Rudy Giuliani ordentlich auf, schuf ein politisches Erfolgsmodell und mittlerweile ist die Ecke mit ihren Theatern und Vergnügungsetablissements wieder ein großer Touristenmagnet. Und so sicher, dass einem kaum etwas Schlimmeres passieren kann, als von einem der vielen Hot-Dog-Verkäufer übers Ohr gehauen zu werden. Und damit die flimmernde Idylle ein Sightseeing-Highlight bleibt, sind die aufgeregt blinkenden Reklametafeln mittlerweile sogar Vorschrift. Alles, was nicht leuchtet, ist illegal. So werden die Touristen täglich von 5000 Anzeigen bedrängt.

„Lass uns noch 'nen Champagner trinken", schlug Vanessa mutig vor. Der Champagner, der eigentlich Sekt war, aber von den Amerikanern undifferenziert mit in die Kategorie Champagner gesteckt wurde, verschwand an diesem Abend mit einer Geschwindigkeit, die mich vergessen ließ, wie viel wir eigentlich schon getrunken hatten.

In ihrem Verhalten merkte man es Vanessa zwar nicht an, dennoch war es unübersehbar. Denn ihre Wangen glühten rot, was hieß: Sie war betrunken. Wie bei vielen Asiaten hinterließ Alkohol bei Vanessa sofort seine Spuren. Ihre Gesichtsfarbe glich einem Promille-Barometer. Der Grund war ein Enzym, das den meisten Asiaten fehlt. Man nennt diese biologische Besonderheit „Asian Flush". Vanessa bezeichnete sich selbst als „Cheap Date", eine Anspielung auf die New Yorker Dating-Regeln. Da die Männer in New York grundsätzlich die Frauen einladen, würde das in Vanessas Fall bedeuten, dass der Mann äußerst günstig davonkäme. Ein Glas Wein, und Vanessa war bedient.

Ich blickte in Richtung Toiletten. Eine sehr lange Schlange Mädels stand da vor einer einzigen Tür. „Ich müsste jetzt schon ziemlich dringend, und der Schlange nach zu urteilen, dauert es mindesten eine halbe Stunde", lehnte ich vorsichtshalber ab. Noelle schaute mich an. „Dann tust du einfach so, als wenn du dich übergeben musst. Habe ich auch gerade gemacht. Hat funktioniert, keiner hat versucht mich aufzuhalten", erwiderte sie. „Das hast du wirklich getan?", fragte ich fassungslos. Noelle mit ihrer resoluten Selbstverständlichkeit hätte auch behaupten können, dass sie mal kurz ins Bad muss, um ein Baby zu entbinden. Ziemlich wahrscheinlich hätte sich ihr niemand in den

Weg gestellt. Außerdem trug sie heute Abend zu einem extrem engen schwarzen Kleid extrem hohe Absätze, die ihrer ohnehin physischen Überlegenheit eine gewisse Bedrohlichkeit verliehen. „Es muss nicht alles seine Ordnung haben. Sich durchzusetzen ist viel wichtiger", behauptete sie kühn.

Eine andere hoch geachtete Tugend in New York ist die Kunst, aus allem Geld zu machen. Die bulligen Türsteher in ihren schwarzen Anzügen zum Beispiel, die eigentlich hier waren, um für Recht und Ordnung zu sorgen, waren damit beschäftigt, den Mädels zwanzig Dollar abzuknöpfen. Wofür? Wachestehen. Vorm Fenster, während die Mädchen von der Feuerleiter pinkelten. Wohin? Auf die Straße. Und selbst da standen die Mädels Schlange. Deutsch, wie ich anscheinend war, entschied ich ganz pragmatisch, nachhause zu fahren.

Mein neues Zuhause war für mich noch immer eine Sensation. Silvester lag längst weit in der Vergangenheit, und ich hatte mittlerweile wieder angefangen zu arbeiten. Trotzdem fühlte ich mich in meinem eigenen Apartment noch immer wie im Urlaub. Ich wachte morgens auf, und der Blick auf das Empire State Building traf mich jedes Mal wieder mit voller Wucht. Wenn ich nachts nachhause kam, schaute ich als Erstes aus dem Küchenfenster zum Empire. Wenn die Spitze noch leuchtete, wusste ich, es war noch nicht Mitternacht. Jeden Abend bekam ich eine andere Farbkombination präsentiert. Manchmal hatte sie etwas zu bedeuten, manchmal nicht. Zur Weihnachtszeit sah man viel Grün und Rot. Zur US Open im September die Tennisballfarbe Gelb. An nationalen Feiertagen und wochenlang nach 9/11 strahlte es nachts in den Farben der amerikanischen Nationalflagge Rot, Weiß, Blau. Und zum Studiumsabschluss der „New York University" leuchtet das Empire in der Uni-Kombi Lila-Weiß.

Es gab auch Abende, an denen das Licht plötzlich erlosch. Das war immer ein wenig unheimlich, und ich fragte mich, was nun schon wieder passiert war. In regelmäßigen Abständen alarmierte die amerikanische Regierung ihre Bürger noch immer mit der Gefahrenstufe „Code Orange", und selbst Optimisten mussten zugeben, dass New York trotz oder gerade wegen des 11. Septembers ein wahrscheinliches Ziel für den nächsten Terroranschlag war. Es war nicht die Frage, ob, sondern wann sich die nächste Katastrophe ereignete. Gleichzeitig begannen die New Yorker gelassen abzustumpfen. Warnungen wurden nur noch mit zuckenden Schultern kommentiert. „Mach dir keine Gedanken", sagte meine neue Mitbewohnerin Valerie, „es handelte sich meistens nur um harmlose Schweigeminuten. Einmal ging das Licht zum Beispiel aus, als Fay Wray, die Heroine des Filmes ‚King Kong', grad gestorben war."

Wenn ich im Schlafzimmer stand, zuckten mir noch bis zum letzten Augenblick von der Aussichtsplattform die Kamerablitze der Touristen entgegen. Um Punkt zwölf verschwand das funkelnde Empire dann. Zurück blieb eine dunkle Silhouette am Nachthimmel.

Den Namen hat das Empire dem Spitznamen für den Staat New York zu verdanken. Nachdem der Art-déco-Bau 1931 mitten in der wirtschaftlichen Depression eröffnet wurde, war es mit seinen 449 Metern samt Antenne über vierzig Jahre lang das höchste Gebäude der Welt. Dann kam das World Trade Center und schubste es von Platz eins. Als die beiden Türme 2001 einstürzten, erlangte das Empire zwar nicht seinen Rang als höchstes Gebäude weltweit zurück, war aber wieder die unbestrittene Nummer Eins der New Yorker Skyline.

Meine neue Mitbewohnerin Valerie wurde, wie ich herausfand, wegen meines Einzuges gar nicht um ihre Meinung gefragt. Unsere „Landlady" Paula hatte einfach entschieden, dass die Wohnung einen Europäer brauchte. Tendenziell misstraute sie den Amerikanern hinsichtlich ihrer Zuverlässigkeit als Mieter. „Den Leuten in New York ist Wohnen einfach egal. Hauptsache, sie haben ein Bett zum Schlafen, sonst verbringen sie sowieso kaum Zeit zuhause, deshalb fühlen sie sich für nichts verantwortlich", erklärte mir Paula. Und da Valerie Amerikanerin war, kam ich mit meinen deutschen Tugenden wie Ordnung usw. gerade recht – als ausgleichendes Element. Paula gab mir zu verstehen, dass sie von einer Europäerin mehr Wohnkultur erwartete. Sich selbst als Holländerin schloss sie ein.

Paula war Künstlerin, und zwar nicht nur Malerin, sondern auch Lebenskünstlerin. Sie hatte eine kleine Galerie in einem Gartenhäuschen in der Einfahrt, vermutlich die kleinste in ganz New York, bemalte Autohauben, und wenn sie abends eine ihrer vielen mondänen Dinner-Partys gab, trug sie statt verkleckster Schlabberpullis schicke Klamotten und High Heels.

Vor vielen Jahren hatte sie zwei Häuser in Williamsburg gekauft, in denen sie nun jeden zur Verfügung stehenden Winkel vermietete. Manchmal sogar ihr eigenes Schlafzimmer. Dann zog sie mit ihrem Lebenspartner Berni temporär in das im Keller gelegene Atelier.

All diese Gäste und Untermieter zu koordinieren kam einer militärischen Operation gleich, und mir entging nicht, dass Paula nervös zusah, wie diese Menschen sich unschuldig, aber manchmal etwas grobmotorisch in ihrem zarten Puppenhaus bewegten. Um die zusammengetragenen antiken Schätze und ihr liebevoll renoviertes Haus zu schützen, war Paula ausgiebig damit beschäftigt, unentwegt schriftliche Befehle zu erteilen. In unserer Küche stand zum Beispiel eine große Vitrine mit Vasen und alten Gefäßen. Daran klebte ein Zettel: „Bitte nicht berühren". Ausstellungsstücke sozusagen. Als es das erste Mal schneite, lag, noch bevor überhaupt jemand hätte das Haus verlassen können, die Anweisung im Eingang, sofort die Schuhe auszuziehen. Paula hatte Angst, dass das eventuell unter der Sohle zurückgebliebene Streusalz die Holztreppe ruinieren könne. Wer die Mülltrennung ignorierte, wurde so lange hartnäckig mit Abmahnungsbriefen bedacht, bis jeder Fitzel Papier in der richtigen Tonne landete. Und die wurden regelmäßig kontrolliert, von Berni, nachts mit der Taschenlampe. Sowieso tabu war das Dach. Einmal hatte mich Paula erwischt, wie ich mit Noelle aus unserem Küchenfenster gekrabbelt und die Feuerwehrleiter hochgestiegen war, um von unserem Dach aus den spektakulären Blick auf Manhattan zu bewundern. Vor uns breitete sich romantisch die Skyline und die New Yorker Dachlandschaft aus. Runde Spitzdach-Wassertanks, so weit das Auge reichte. Noch am selben Abend lag ein unmissverständlicher Verbotszettel für die Zukunft auf der Treppe.

Als ich das erste Mal unseren Küchenschrank öffnete, fand ich darin die Bestätigung für Paulas Bedenken gegenüber amerikanischer Wohnkultur. Statt Gläsern standen da einige ineinandergestapelte Plastikbecher. An Tellern entdeckte ich einen aus Glas, daneben eine Reihe aus Pappe. Das Besteck sah aus, als wäre es in Heimarbeit ausgestanzt worden, und es reichte gerade für zwei Personen. Ich hatte mich mittlerweile daran gewöhnt, dass die Amerikaner bei größeren Feiern oder Abendessen auf Pappteller und Plastikbesteck zurückgreifen. Meine hoffnungslosen Versuche, alle davon zu überzeugen, dass man so furchtbar viel unnötigen Müll produziert, versandeten jedes Mal im blanken Nichts. „Ja, ja, dann muss keiner spülen, ich verstehe schon, die Spülmaschine würde auch viel Energie verbrauchen, natürlich, aber …" Irgendwann gab ich auf. Schließlich war ich nur Gast.

Hier jedoch stand ich in meiner eigenen Küche und hoffte sehr, dass bei mir keine Pappteller auf den Tisch kamen. Als Nächstes inspizierte ich den Kühlschrank und war erstaunt. In Valeries Etage stapelten sich Lebensmittel, ganz unten lag sogar ein komplettes nacktes Huhn im Gemüsefach. Es stellte sich heraus, dass Valerie fast jeden Tag kochte. Richtige Gerichte. Ihr Repertoire war beeindruckend. So zauberte sie an einem Tag Hähnchen in Weinsauce, am nächsten Tag Kassler im Bohneneintopf. Trotz ihrer Kochkünste war sie amateurmäßiger ausgestattet als ein deutscher Camper.

Valerie war von Beruf Theaterschauspielerin und hatte diese weich-neutralen Gesichtszüge und einen blassen Teint, in die man jede Rolle hereinschminken konnte. Aufgewachsen war sie mit vielen Geschwistern und sehr katholischen Eltern in Massachusetts. „Die rotblonden Locken habe ich meiner irischen Abstammung zu verdanken", erzählte sie mir, „und außerdem die Fähigkeit, jeden Kerl unter den Tisch trinken zu können", fügte sie stolz hinzu. Da ihre Engagements am Theater nur schubweise eintrafen, verbrachte sie viel Zeit mit Yogakursen und verdiente ihr Geld mit Kellnern.

Wir verstanden uns auf Anhieb. Gleich im ersten Gespräch stellte sie klar, dass sie ganz sicher nicht Bush gewählt hatte und auch nicht stolz auf ihr Land sei. Bush-Wähler waren in New York sowieso rare Exemplare. Ich war noch keinem begegnet. Aber Val war die Erste, die sich so ganz unaufgefordert von dem Wort Patriotismus distanzierte. Selbst mit meinen Freundinnen Vanessa und Noelle hatte ich dazu schon etliche Diskussionen geführt, die nicht immer im Konsens endeten.

Nach dem 11. September war der tief in der amerikanischen Seele verankerte Patriotismus in New York wie ein Vulkan ausgebrochen und hatte sich sichtbar über die ganze Stadt ergossen. Die Nationalflagge war allgegenwärtig. Menschen hatten sie sich ins Haar rasiert. Hunde trugen sie als Halstücher. Läden statteten ihre Schaufenster damit aus. Für mich Deutsche eine sehr befremdliche Begegnung mit offener Vaterlandsliebe. Bei uns paart sich Patriotismus ja leider meistens mit Rechtsradikalismus und Ignoranz. Allein das Wort klingt verdächtig. In Amerika dagegen ist man stolz auf sein Land, von Natur aus – und von Geburt an. Jeden Tag wird landesweit in den Grundschulen die Flagge gehisst, und die Klassen erheben sich kollektiv zum Fahneneid. Je schlechter das Englisch, desto lauter sympathisierte man. Die erfolgreichste Integrationsmaßnahme für Immigranten aus den ärmeren Ländern wie Mexiko, die ihre eigenen kulturellen Wurzeln einfach in amerikanischen Boden verpflanzen. Patrioten haben hier ganz unterschiedliche Hautfarben, Religionen und Herkünfte.

Valerie war da ganz anders und stellte so ziemlich alles in Frage, was typisch amerikanisch war. Ganz besonders die republikanische Regierung. Noch bevor wir unsere Nachnamen kannten, hatte Val das Bedürfnis, ihre politische Gesinnung klarzustellen. „Karl Rove, der Berater von Präsident George W. Bush, ist die personifizierte Skrupellosigkeit. Der hat alle Fäden in der Hand und wird nicht umsonst ‚Bushs Gehirn‘ genannt", erzählte sie mir und regte sich fürchterlich über die Republikaner auf. Wir waren das erste Mal zusammen aus und saßen in einer belanglosen

Bar in unserer „Neighborhood". Val lebte schon in Williams-burg, als die Immobilienhaie nicht einmal wussten, dass es überhaupt existierte. Von „Hot Spots" hatte sie keine Ah-nung. Sie besuchte noch immer die Restaurants und Knei-pen, in die sie schon immer gegangen war.

„Ich liebe euch Europäer und eure europäische Men-talität", sagte sie und erzählte mir schwärmerisch von den drei Monaten, in denen sie einige Wochen in der Schweiz am Theater gespielt hatte und den Rest der Zeit durch ver-schiedene Länder gereist war.

Als Frankreich und Deutschland sich gegen einen An-griff auf den Irak aussprachen, hatte sich das Verhältnis zwischen den USA und dem „Alten Europa" auf politischer Ebene ein wenig verspannt. In New York war davon nichts zu spüren. Ganz im Gegenteil. Aber Valerie erzählte mir erschüttert, dass die Kantine im Abgeordnetenhaus ihre French Fries, wie Pommes in Amerika genannt werden, aus Protest gegen Frankreich in „Freedom Fries" umbe-nannt hatte. „Das ist doch wirklich Kindergarten-Niveau. Ich kann nicht glauben, dass sich Politiker zu so etwas he-rabgelassen haben. Kein Wunder, dass wir Amerikaner in Europa mittlerweile so unbeliebt sind", empörte sie sich.

Valerie war nicht die Einzige, die ständig hervorhob, wie toll sie alles Deutsche fand. In New York war Deutschsein plötzlich cool. Unsere Literaten. Unsere schnöde Ehrlich-keit. Unsere Qualitätsprodukte. Unsere Pünktlichkeit. Und ganz besonders unsere Hauptstadt. Berlin war für alle New Yorker „the place to be". Bisher war ich es gewohnt, dass man sich als Deutscher geschmeichelt fühlte, im Aus-land nicht als solcher erkannt zu werden. In Deutschland hatte Deutschsein etwas Sprödes und Langweiliges. Hier hingegen war man fast ein Exot. Jeder Amerikaner bemüh-te sich, eine verwandtschaftliche Verbindung hervorzukramen, meistens über viele Ecken, aber immer voller Stolz. Mit Distanz entwickelte ich ein ganz neues Bewusstsein für gewisse deutsche Wesenszüge und Errungenschaften. Und ich vermisste plötzlich ganz banale Dinge. Nicht nur das saftige Vollkornbrot, das wir Deutschen überall im Ausland vergeblich suchen. Sondern so weltliche Alltagsgegenstände wie Toilettenpapier. Das war hier so hauchdünn, dass ich gar nicht weiter darauf eingehen möchte. Dabei war der Erfinder ein New Yorker!

Es wurde kälter, und ich sah fassungslos zu, wie das Thermometer immer tiefer in die Minusgrade stürzte. Am erbarmungslosesten war der Wind, der einen an den Straßenkreuzungen manchmal von allen Seiten ohrfeigte. Auf den Straßen sah man nur noch vermummte Gestalten in dicken Daunenmänteln und Boots, die Mützen tief ins Gesicht gezogen. Dass man dabei aussah wie ein Michelin-Männchen, war allen völlig egal.

Im Büro hingegen herrschte Hochsommer. Die Heizung blies auf vollen Touren. Ich saß im T-Shirt am Schreibtisch, und mir war heiß, während von draußen eisiger Wind gegen die Scheibe pustete. Schweren Herzens riss ich immer wieder das Fenster auf, um Schweißausbrüche zu verhindern. Ich gewöhnte mich an den Zwiebel-Look und begann mehrere Schichten zu tragen, die man je nach Bedarf ab- und anlegen konnte.

Nicht nur in den Büros, auch in den New Yorker Wohnung sind die Heizungen meistens zentral gesteuert und laufen im Winter rund um die Uhr. Dieses schizophrene Temperatur-Hoch zwingt die Mieter, ständig dagegen anzukühlen. Einige taten dies sogar mit ihrer Klimaanlage. „Der Wahnsinn! Ich kann nicht glauben, wie viel Energie hier zum Fenster rausgeblasen wird", regte sich Paula auf und erklärte mir, dass in ihrem Haus die Heizung nachts komplett ausschaltet wird. Per Zeitschalter sprang sie um fünf wieder an und sorgte dafür, dass wir morgens im Warmen aufstehen konnten. Damit war ich absolut einverstanden.

Dann wachte ich eines Nachts auf. Ich schaute auf den Wecker, es war drei Uhr morgens. Mit einer Gänsehaut lag ich im Bett und fror. Meine Nase glich einem Eiszapfen, und trotz der Dunkelheit sah ich die kleinen Wölkchen meines eigenen Atems. Der Wind zischte ungehindert durch die alten hölzernen Fensterrahmen. Ich stand auf, wickelte mir einen Wollpulli über den Pyjama und einen Schal um den Hals, setzte eine Mütze auf und zog mir die Decke über den Kopf. „Mir ist immer noch saukalt", war der letzte Gedanke, bevor ich wieder einschlief. Um fünf riss mich dann ein zischendes Geräusch erneut aus dem Schlaf. Ich saß aufrecht im Bett. Die Heizung klang, als wollte sie mich vergasen. Es folgte lautes Poltern.

„Dieses merkwürdige Poltern, Gluckern und Zischen hast du hier bei allen Heizungen, da wirst du dich schnell dran gewöhnen", erklärte Valerie, als ich sie fragte, ob sie diese merkwürdigen Geräusche auch gehört hatte. „Kennst du zufällig eine gute Sauna?", erkundigte ich mich. Wenn ich diesen Winter überleben wollte, musste ich mein Immunsystem stärken. Sie schaute mich ratlos an. „Mmmh, also in meinem Fitnessstudio gibt es so 'ne kleine Sauna. Aber da war ich noch nie drin", sagte sie und brühte wie jeden Morgen ihren Espresso in der italienischen Blechkanne auf dem Herd auf. „Gibt es in New York etwa keine richtige Saunaanlage?", fragte ich. „Na, da gibt es dieses russisch-türkische Bad, das ist so ne Art Sauna. Da war ich allerdings auch noch nie", antwortete sie.

Val lies sich überreden gleich, am folgenden Wochenende mit mir hinzugehen.

Wir stiegen an der 1st Avenue aus dem L-Train und mussten nur vier Blöcke weit laufen. Es war so eisig, dass mir fast schwindlig wurde. Wir legten einen kurzen Aufwärmstopp in dem Geldautomatenraum einer Bank ein. O Gott, wie sehr ich mich auf einen verschwitzten Nachmittag freute.

Meine Freude wurde ein wenig von dem Frittiergestank gedämpft, der uns gleich am Eingang entgegenschlug. Das Restaurant sah aus wie eine Frittenbude und überhaupt nicht so schön, gesund und sauber, wie man es aus deutschen Saunalandschaften gewohnt war. Von Wellness keine Spur. Eine Frau mit blond gefärbten Haaren und grell geschminkten Lippen begrüßte uns mit osteuropäischem Akzent, drückte uns vergilbte Badelatschen in die Hand und zeigte auf einen Stapel verlebter brauner Handtücher. Ich wünschte mir im Stillen, ich hätte doch mein eigenes Badetuch mitgebracht. „In Deutschland sitzen Frauen und Männer echt nackt nebeneinander?", fragte Valerie ungläubig und ein wenig fasziniert, als wir in der winzigen Frauen-Umkleide in unsere Badeanzüge schlüpften. Ich hingegen konnte immer noch nicht glauben, dass wir hier in unseren Badeanzüge schwitzen mussten, und zog mir den zur Verfügung gestellten Bademantel über, der aussah wie ein Anstaltskittel.

Wir liefen die Treppe hinunter direkt auf einen Pool zu. Auf dem Beckenrand saßen, wie die Hühner auf der Stange, etwa acht ältere Männer mit Einheits-Shorts, die zu unseren Bademänteln passten. Sie musterten uns unverblümt Stufe für Stufe, die wir ihnen näherkamen. Plötzlich war mir ganz wohl bei dem Gedanken, mich nicht entblößen zu müssen. Wir waren fast die einzigen Frauen. Direkt gegenüber vom Pool standen zwei Typen und rasierten sich. „Müssen die hier ihre Bartstoppel verteilen?", fragte ich Valerie ein wenig angewidert. In dem Augenblick stürzte ein Mann mit hochrotem Kopf aus der russischen Sauna, schweißgebadet, und sprang kopfüber in den kalten Pool. „Ich glaub's nicht, der hat sich einfach nicht abgeduscht! Der Pool ist doch für alle da!" Ich war fassungslos. Da kam gleich ein Zweiter hinterher und der ungeduschte Sprung ins Wasser wiederholte sich. „Also, in Deutschland ist das alles ganz anders", bekam Valerie alle fünf Minuten von mir zu hören.

Wir saßen im „Swedish Steam Room", der hier angeblich die Sauna war. Der Raum war kaum größer als eine private Kellersauna und die Luftfeuchtigkeit so hoch, dass man schon schwitzte, bevor sich die Tür schloss. Der Grund: Die Männer saßen in ihren klatschnassen braunen Shorts auf den deshalb klammen Bänken, und die wenigen Frauen zogen nicht mal ihre feuchten Bademäntel aus. Dann kam auch noch jemand auf die Idee, eine komplette Flasche ätherisches Öl auf die heißen Steine zu gießen, und ich verließ fluchtartig den Raum. Auf dem Weg in die russische Sauna mussten wir über kleine Hügel nasser Handtücher steigen, die hier alle achtlos auf den Boden warfen und vom Personal regelmäßig mit einem Rollwagen eingesammelt wurden. Ich öffnete die Tür und war das erste Mal an diesem Nachmittag beeindruckt.

Vor unser lag wie eine dunkle Höhle die russische Sauna, die von einem großen Ofen mit glühenden Steinen beheizt wurde. Neben uns wurde gerade jemand mit einer Rute aus Eichenblättern gepeitscht. „Angeblich werden so die Poren geöffnet, und der Körper kann entgiften", sagte Val. In einer Ecke standen mit eiskaltem Wasser gefüllte Holzeimer. „Sollen wir?", fragte ich. Ich hielt den Eimer über mich, zögerte mehrere Sekunden, weil mein Instinkt mich anflehte, unter keinem Umständen in dieser schön gemütlich warmen Umgebung einen kompletten Eimer Eiswasser über mich auszugießen. Im ersten Moment stockte mir der Atem, dann musste ich so tief Luft holen, dass mein Lungenvolumen nicht auszureichen schien. Danach setzte ein unglaubliches Gefühl sauberer Tiefenentspannung ein.

Als wir drei Stunden später, eingemummelt in unsere dicken Wintermäntel, aus der Sauna kamen, war es mindestens drei Grad kälter. Aber aus meinen Poren glühte es nach. Irgendwie machte uns die Kälte gar nichts mehr aus. Auch wenn das türkische Bad vom Standard der skandinavischen Saunakultur weit entfernt war, hatte es offensichtlich seinen Zweck erfüllt. Das Badehaus gab es schließlich nicht ohne Grund seit 1892. „Ich kann trotzdem nicht verstehen, warum nicht längst jemand auf die Idee gekommen ist, in New York eine elegante Saunaanlage zu eröffnen. Genau für so was bezahlen die Leute hier doch ein Vermögen. Damit könnte man ein Bombengeschäft machen", sagte ich zu Valerie, und wir fingen an, über die perfekte Sauna-Welt zu fantasieren.

Februar

ALLES WAR VERSCHWUNDEN. Statt der Bürgersteige, Vorgärten, Straßen, Autos und Zäune breitete sich eine weiße
„Winter Wonderland"-schaft vor mir aus. Ich stand in der
Haustür und staunte. Auch die Treppenstufen waren be-
graben, und auf der Suche nach Grund tauchte ich mit meinen Stiefeln tief in den Schnee. Wie ein Storch marschierte
ich zur Bedford Avenue, vorbei an kleinen Hügeln, unter
denen sich Autos versteckten, und hinterließ meine Spur
im bisher unberührten Schnee. So still war die Stadt noch
nie. Es war kein einziges fahrendes Auto zu sehen, und
die weiße Masse saugte jedes Geräusch in sich auf. Die
Flocken stoben durch die Luft wie in einer Schneekugel.
So viel Weiß hatte ich das letzte Mal vor vielen Jahren im
Skiurlaub gesehen.

Alle, die mir auf dem Weg zur U-Bahn begegneten, hatten einen seligen Ausdruck ins Gesicht gezurrt. Es offenbarte sich eine ganz neue Seite der New Yorker. Ein Wir-Ge-
fühl unter Fremden, das ich in dieser großen, ehrgeizigen
Stadt nicht unbedingt erwartet, aber immer wieder erlebt
habe. Nur deshalb war es ja überhaupt möglich, sich in diesem Großstadt-Chaos geborgen zu fühlen. Auf einer der
am dichtest besiedelten Inseln der westlichen Welt, auf der
sich jeder jeden Tag aufs Neue behaupten muss.

Dieses „Sich-Behaupten" war schon vor Jahrhunderten notwendig, kurz nachdem die Insel im Herbst 1609 von dem

englischen Seefahrer Henry Hudson entdeckt wurde. Er war nicht der erste Europäer, der Manhattan zu Gesicht bekam. Der Italiener Giovanni da Verrazzano erspähte die Insel schon 85 Jahre zuvor, segelte aber einfach weiter. Hudson hingegen blieb und erforschte den später nach ihm benannten Hudson River. Eigentlich war er im Dienste der holländischen „Vereinigten Ostindischen Kompanie" auf der Suche nach einem alternativen Wasserweg nach Asien. Man erhoffte sich, die bisher lange und aufwendige Schifffahrt um das Kap der Guten Hoffnung durch einen kürzeren Seeweg zu ersetzen. Dieser Plan ging natürlich nicht auf. Stattdessen entdeckte Hudson ganz nebenbei die Insel, auf der sich kurz darauf einer der wichtigsten Häfen der Welt breitmachte.

Mannahatta – Insel der vielen Hügel, wie sie von den einheimischen Indianern genannt wurde, die schließlich von ihr vertrieben wurden. Schon 1614 gründeten die Niederländer die Kolonien „Neu Niederlande" und an der Südspitze „Neu-Amsterdam". Die Geburt der Metropole, noch bevor sie eine war, begann mit einem skrupellosen Immobiliendeal. Im Tausch gegen die Insel bot man den Einheimischen Waren im Wert von geschätzten 24 Dollar. Die dachten, es handle sich nur um einen temporären Handel. Ein folgenschwerer Irrtum. Die Europäer blieben und vermehrten sich. Warum? Weil der optimal gelegene Hafen sich als Goldgrube entpuppte. Wie ein Magnet zog die Aussicht auf ein Riesengeschäft oder weniger elendes Leben Menschen aus aller Welt an.

Auch England, eine der einflussreichsten Kolonialmächte, wollte mitverdienen. Nach zwei Anläufen eroberten die Briten 1664 Manhattan und gaben der Stadt einen neuen Namen: „New York" – ein Geschenk an den „Duke of York". Die Stadt wuchs und wuchs, unbeeindruckt von den historischen Meilensteinen, die sich nebenbei ereigneten: die amerikanische Revolution im Jahre 1776, auf der die Unabhängigkeit von der britischen Krone folgte. Fast hundert Jahre später der Bürgerkrieg von 1861 bis 1865, auf den die – theoretische – Befreiung der Sklaven, die industrielle Revolution und eine weitere Flutwelle europäischer Immigranten folgten. New York explodierte und wurde zur verheißungsvollen Zuflucht für Millionen Deutsche, Iren und Italiener. Es wurde eng in der Stadt, die schon Ende des 19. Jahrhunderts, als es noch keine Wolkenkratzer und somit keine vertikalen Auswege aus dem Platzmangel gab, fünf Millionen Einwohner zählte. Für viele war das Leben hier ein täglicher Kampf.

Noch immer strömen jeden Tag neue Immigranten in die Stadt. Legal und illegal. Sich zu behaupten gehört zum Alltag. Dieser tägliche Kampf ist für die meisten weitaus weniger existentiell als damals. Statt um Jobs prügelt man sich heute um das neuste iPhone. Aber sobald die alltägliche Routine aussetzt – sei es wegen eines Schneesturms, Stromausfalls oder ganz einfach, weil jemand Hilfe benötigt –, beweist der New Yorker ein unglaubliches Maß an selbstloser Menschlichkeit. Er wartet förmlich auf die Gelegenheit, sein eigenes leistungsgesteuertes Dasein für einen Augenblick zu unterbrechen. Um zu helfen. Selbst in ganz harmlosen Situationen. Jedes Mal, wenn ich mich an der Straßenkreuzung orientierungslos in meinen Stadtplan verheddert hatte, vergingen keine zehn Sekunden, bis jemand höflich fragte, ob er mit dem Weg weiterhelfen könne. Oder als ich nach Weihnachten mit meinen pfundsschweren Koffern zurückkehrte. Ich hatte mein Gepäck gerade vom Zug bis zur ersten U-Bahn-Treppenstufe geschleppt, als plötzlich eine helfende Hand zur Stelle war. Oben angekommen, verabschiedete man sich freundlich und verschwand wieder in sein eigenes Leben. Besonders rührende Hilfsbereitschaft ereilte mich eines Morgens, als mir, nicht wissend, dass ich Fieber hatte, in der vollen U-Bahn plötzlich schwindlig wurde. Ich kippte wie ein Klappmesser nach vorne. Vier Leute sprangen gleichzeitig auf und boten mir ihren Sitzplatz an. Einer bestand sogar darauf, mit mir auszusteigen, um mich bis zu meinem Büro zu eskortieren.

Und dann gab es die wirklichen Katastrophen, wie den 11. September 2001. Die schweißten erst recht zusammen, trotz Schock, Verwirrung und der tiefen Wunde, die der Terroranschlag der Stadt zugefügt hatte. Meine New Yorker Freunde schwärmen noch heute davon, dass in dieser tragischen Situation alle füreinander da waren, statt sich verängstigt in Sicherheit zu bringen und zurückzuziehen.

So auch, als eines heißen Sommertages im August 2003 in der ganzen Stadt der Strom ausfiel. Erst hatte man große Befürchtungen, dass sich die historischen Straßenschlachten von 1977 wiederholen könnten. Damals entzündete der Blackout eine Welle der Gewalt. Die Stadt war bankrott und nicht in der Lage, rechtzeitig zu reagieren. Läden wurden geplündert, Autos in Brand gesetzt und die ganze Stadt war außer Rand und Band. Das Magazin Times betitelte dieses Ereignis damals als „Die Nacht des Terrors". Fast dreißig Jahre später passierte das Gegenteil. Der Stromausfall brachte das Beste des New Yorker „Spirits" zum Vorschein und führte zur „Nacht der Mitmenschlichkeit".

Am Spätnachmittag gingen die Lichter, Computer, Züge und Klimaanlangen aus. Alles stand still. Man überlegte kurz, ob es sich um einen weiteren Terroranschlag handeln könnte, stellte erleichtert fest, dass dem nicht so war, und öffnete eine Flasche Wein. An Arbeiten war eh nicht mehr zu denken. Kollegen boten Kollegen Sofas zum Übernachten an. Restaurants entleerten die nicht mehr kalten Kühlschränke und veranstalteten kostenlose Barbecues auf den Bürgersteigen. Gestrandete Pendler verbrachten in der Bahnhofshalle des Grand Central die Nacht nebeneinander. Die Menschen in Brooklyn sahen statt erleuchteter Skyline eine dunkle Silhouette, die in ihrer Rarität fast poetischer war als das übliche nächtliche Flimmern. Was man aus der Ferne nicht sehen konnte, war das Flackern der Kerzen, die noch bis spät in die Nacht in allen Häusern Manhattans brannten.

Und dann gab es natürlich auch schöne Anlässe, die die New Yorker zusammenschweißten. So wie dieser idyllische Schneemorgen. Niemand hetzte, wie sonst alle, in seine Gedanken vertieft zur U-Bahn. Ganz im Gegenteil, überall trafen sich die Blicke Fremder. Jeder lächelte jedem komplizenhaft zu. Dieses kleine weiße Wunder erlebten wir zusammen. Wir wurden alle von der gleichen Schneemasse ausgebremst. Die aufgezwungene Langsamkeit fühlte sich großartig an.

Diese kindliche Euphorie verschwand abrupt, als ich die U-Bahn-Treppen hinunterlief. Ich schaffte es kaum durch das Drehkreuz. Dahinter wartete ein Stau aus übel gestimmten Leuten. Die Freude über den Schnee hatte sich umgehend in pragmatischen Ärger aufgelöst. Der Bahnsteig war überfüllt mit Menschen, die dringend nach Manhattan wollten. So wie ich.

Eine U-Bahn rauschte in den Bahnhof. Und mit ihr die Hoffnung, dass es gleich weitergehen würde. Diese Hoffnung wurde zertrümmert, noch bevor der Zug zum Stehen kam. Die glücklichen Menschen, die schon drinsaßen, sahen nicht sonderlich glücklich aus. Sie waren wie Vieh in die Waggons gequetscht. Es konnte nicht mal jemand aussteigen. Das zusammengepresste Rudel Passagiere ließ sich nicht bewegen. Zwei, drei penetrante neue Fahrgäste drängelten sich noch mit Gewalt in jedes Abteil. Der Rest blieb frustriert am Bahnsteig zurück.

Der nächste überfüllte Zug hielt gar nicht erst an. Ich erwischte nach langem Warten den Vierten und war über eine Stunde zu spät im Büro. Aber ich war nicht die Letzte. Einige meiner Kollegen waren gleich zuhause geblieben und arbeiteten von dort.

„Sobald es hier mal ein bisschen mehr regnet oder schneit, bricht dieses museumsreife U-Bahn-System sofort zusammen", stöhnte Vanessa, die dieses Verkehrs-Chaos anscheinend schon oft erlebt hatte und in ihrer Winteruniform – gefütterte Gummistiefel und ein schwarzer bodenlanger Daunenmantel – verärgert ins Office stiefelte. Und vom defekten Schienenverkehr sind hier nicht nur einige, sondern fast alle betroffen. Er bremst die komplette Stadt aus.

Bis zur Mittagspause waren die Wolken schon zur Seite gerückt und gaben den strahlend blauen Himmel frei. Der lahmgelegte Verkehr in Midtown hatte die Straßen hupend zurückerobert, und die Taxis rauschten wieder unbeirrt durch die Asphaltschluchten. Für uns Fußgänger wurde das, was man gemeinhin Fortbewegung nennt, dagegen zum Training auf einem temporären Hindernisparcours. Riesige Schneeberge türmten sich zwischen Fahrbahn und Bürgersteig und waren von dreckigen Pfützen umgeben, die sich an jeder Straßenecke zu braunen Seen aufstauten, um die man umständlich herummanövrieren musste. Im Augenwinkel immer die Fahrbahn, damit man nicht versehentlich von der Fontäne eines vorbeifahrenden Autos übergossen wurde. Das schöne Puderweiß verwandelte sich allmählich in hässliches Grau.

Als ich abends auf die U-Bahn wartete, kam sie sofort. Die Lage war wieder unter Kontrolle, auch wenn von der Decke ungehindert Rinnsale mit Schmelzwasser auf den Bahnsteig und die Gleise tropften. In Deutschland hätte sich längst das Ordnungsamt eingeschaltet. Hier war das anscheinend normal. Keiner verschwendete auch nur einen Blick.

„Die New Yorker beschweren sich das ganze Jahr. Im Sommer ist es ihnen zu heiß und im Winter zu kalt", sagte Val, als ich nachhause kam. „Ich liebe diese ehrlichen, wenn auch qualvollen Jahreszeiten. Nach so einem Schneesturm kann man wenigstens mal guten Gewissens zuhause zu bleiben", fuhr sie fort und war gerade dabei, einen köstlich duftenden Bohnenauflauf aus dem Ofen zu ziehen. Sie hatte Recht. Hier moserte man auf hohem Niveau. In Deutschland dagegen kam man nicht mal in die Verlegenheit, sich über Hitze und Schneestürme zu beklagen. „In Hamburg gibt's gar keinen richtigen Winter mehr, und der Sommer wird meistens vom Herbst übergangen. Wir haben quasi das ganze Jahr Übergangssaison und eigentlich immer guten Grund uns zu beschweren", erzählte ich Val und schob mir genüsslich einen Löffel der dampfenden Bohnen in den Mund. „Mmmhh, schmeckt wie bei Muttern."

Am nächsten Tag bekam ich dann einen Anruf von meiner Mama, die mir fröhlich mitteilte, dass sie das Schnee-Chaos gestern Abend in den Nachrichten gesehen habe. Schon komisch, da ist man so weit entfernt und dank der Technik trotzdem immer mit dem Rest der Welt vernetzt.

Auch wenn an Frühling und Bikinis noch so gar nicht zu denken war, beschlich mich langsam ein schlechtes Gewissen. Über vier Monate war ich nun schon hier und hatte nicht ein einziges mal Sport gemacht. Allein bei dem Gedanken fühlte ich mich gleich ein paar Kilo schwerer.

Anfangs hatte ich mich noch mit dem strammen Laufprogramm herausgeredet, das einem die Stadt einfach so aufzwingt. Alleine der tägliche Weg zur U-Bahn – hin und wieder zurück – glich einem mittleren Ausdauertraining, dessen Pensum Menschen in anderen Städten nicht einmal innerhalb einer ganzen Woche absolvieren mussten. In meiner ersten Zeit in New York war ich so viele Meilen kreuz und quer durch die Stadt marschiert, dass mich am fünften Tag ein fieser Muskelkater überraschte. Der war plötzlich da, einfach nur so, vom vielen Rumlaufen.

Auf Dauer war das allerdings keine gute Ausrede. Zumal hier jeder demonstrativ Sport trieb. Überall. Ich hatte das Gefühl, ich war die Einzige, die in dieser Stadt auf der faulen Haut lag. „Die vom Hearst Verlag haben ihr eigenes Fitness-Studio, und angeblich trifft man dort jeden Morgen die komplette Redaktion der ‚Marie Claire' an", hielt mir Vanessa vor, die genauso diszipliniert war und jeden Tag zum Tanzen ging. Vor der Arbeit? „Ich kann mich nicht entscheiden, ob ich darauf neidisch bin oder diesen Guerilla-Aktionismus total krank finde", entgegnete ich.

Der Sportwahnsinn ist unter New Yorkern äußerst verbreitet. Deshalb ist es kein Wunder, dass man hier in den Fitness-Studios rund um die Uhr schwitzen kann. Der Sportclub „Crunch" hat dafür extra 24 Stunden am Tag geöffnet und ist mit 29 Locations über die ganze Stadt verteilt.

„Die Zeit muss sein. Du weißt ja, dass mittlerweile mehr Frauen an Herzinfarkten sterben als Männer. Da hilft nur Sport und ein dementsprechend starkes Herz-Kreislauf-System", fuhr Vanessa ermahnend fort.

Außerdem ist Sport in New York ein Lifestyle und Statussymbol dazu.

Diese aktiven Menschen saßen morgens in Trainingsanzügen und Turnschuhen in den hippen Cafés, gingen im Yoga-Outfit shoppen und zeigten sich auch sonst bei jeder Gelegenheit sportlich. Der athletische Exhibitionismus ging so weit, dass die meisten Fitness-Studios sich im Erdgeschoss eingerichtet hatten, mit großen Schaufenstern, damit man den schwitzenden Sportlern zuschauen konnte, wie sie wie auf einem Präsentierteller in die Pedale ihrer Hometrainer traten oder mit hochrotem Kopf und iPods im Ohr auf dem Laufband sprinteten.

Man entkam ihnen nicht, und mein schlechtes Gewissen wuchs.

Ein einheitliches Profil konnte ich bei diesen durchtrainierten Menschen nicht erkennen. Sie waren alt, jung, groß, klein, dünn, dick, blass, braun gebrannt, männlich oder weiblich. Sie trainierten im Central Park, im Fitness-Studio, am Hudson River, auf einem der vielen Basketball- und Fußballplätze, oder sie joggten einfach schweißgebadet durch SoHo. Selbst Spielplätze wurden hier zu Sportplätzen umfunktioniert, auf denen die chinesischen Opis täglich ihre Gymnastik und die Omis Tai-Chi machten.

Irgendwann gab ich auf. Ich wollte mitschwitzen, meine Herzmuskulatur stärken, Kalorien wegarbeiten und ganz nebenbei mein Leben verlängern. Dazu musste ich allerdings meine Hemmschwelle, meine Faulheit, überwinden. Nur – womit? Für die Muckibuden-Mentalität fehlte mir schon in Deutschland der Ehrgeiz, und beim Joggen überkam mich schon nach zehn Minuten der erste Schwächeanfall. Schwimmen vielleicht?

Da gab es dieses Hallenbad, nur vier Blöcke von meiner Wohnung entfernt, direkt auf dem Weg zur U-Bahn auf der Bedford Avenue. Ich hielt noch am selben Abend dort an. „35 Dollar", antwortete der Mann an der Rezeption auf meine Frage, wie teuer der Pool sei. „35 Dollar?", fragte ich fassungslos. Das lag definitiv jenseits meines anvisierten Budgets. Insgeheim war ich ein wenig erleichtert, dass ich heute doch noch mal gemütlich nachhause gehen durfte. Und ich musste nicht mal ein schlechtes Gewissen haben, ich hatte es ja versucht. „Ja, 35 Dollar, das ist doch unglaublich günstig", sagte er und war sichtlich irritiert wegen meines entrüsteten Gesichtsausdrucks. „Günstig? Ach so, Sie meinen pro Monat?", vermutete ich. „Nein, pro Jahr natürlich." Daraufhin war ich noch fassungsloser und wurde auf der Stelle Mitglied im Metropolitan Public Pool. „Es gibt in der Stadt eine ganze Reihe öffentlicher Bäder, die von der Stadt subventioniert werden. Die Freibäder im Sommer sind sogar umsonst", verriet mir der Mann noch.

Bevor ich es mir wieder anders überlegen konnte, ging ich schnell nachhause, packte meine Badesachen und machte mich gleich auf den Weg zurück zum Pool. „Ohne Badekappe können Sie leider nicht ins Wasser", wurde ich gleich am Eingang ausgebremst. Badekappen waren Pflicht, und für die Schränke in der Umkleide brauchte man sein eigenes Schloss. Ich hatte weder das eine noch das andere, und die Läden hatten auch schon zu. Mein „gemütlich auf der Couch liegen"-Wunsch wurde anscheinend doch erhört.

Freitag war es dann so weit. Ich hatte frei und wollte gleich morgens schwimmen gehen. Dieses Mal war ich bestens ausgerüstet und hatte alles dabei. Eine neue quietschgelbe Badekappe, eine Schwimmbrille und mein eigenes Zahlenschloss. Das war leider nicht ganz so simpel in der Handhabung wie die deutschen. Statt einer harmlosen Zahlenkombination musste man sich drei zweistellige Zahlen merken und dazwischen das Drehrädchen erst nach rechts dreimal über die Null hinweg, dann nach links einmal über die

Null und dann wieder nach rechts direkt auf die Zahl drehen. Verstanden? – Ich auch erst beim fünften Mal.

Zuhause hatte ich vorsichtshalber schon ein bisschen geübt und war trotzdem ein wenig nervös. Nicht, dass ich am Ende im nassen Badeanzug in der Lobby landete und umständlich erklären musste, dass ich meine Zahlenkombination vergessen hatte. Ich hoffte, man war für Notfälle gerüstet.

„Sie haben Glück, heute Morgen ist das Hallenbad nur für Frauen", sagte das Mädchen am Eingang und deutete auf den Vorhang, den man vor die Scheibe gezogen hatte, durch die man das letzte Mal ins Bad schauen konnte. Glück? Ihr Amerikaner seid echt ganz schön prüde, dachte ich insgeheim. Dass allein der Gedanke, dass Frauen und Männer in Europa nackt nebeneinander in der Sauna sitzen, den Menschen hier entweder die Schamesröte ins Gesicht treibt oder obszöne Fantasien auslöste, war noch nachvollziehbar. Aber nach Geschlechtern getrennte Schwimmbadschichten?

Ich ging in die leere Umkleide und öffnete den ersten Spind. Daraus starrte mir eine braun gelockte Perücke entgegen. Ich überlegte kurz, ob das komisch war, verwarf die Frage, machte die Tür wieder zu und öffnete den Nachbar-Spind. Die nächste Perücke, dieses Mal in blond. Ich probierte den nächsten Spind. Wieder eine Perücke. Ich verstand nichts. Der nächste Spind war leer, ich zog mich schweigend und ziemlich irritiert um.

Zwei Frauen kamen plaudernd aus der Schwimmhalle. Statt regulären Badeanzügen trugen sie wallende Schwimmkleider. Die beiden redeten Jiddisch.

Ich wusste, dass im südlichen Teil von Williamsburg fast ausschließlich ultra-orthodoxe chassidische Juden lebten, sehr religiös und konservativ, meist mit osteuropäischen

Wurzeln. Die Männer in ihren dunklen Anzügen fielen sofort auf, weil sie die typischen Schläfenlöckchen trugen und riesige schwarze Hüte, die in ihrer Überproportionalität fast ein wenig ulkig wirkten. Die Frauen in ihren erdfarbenen Röcken und Mänteln dagegen sahen einfach nur altmodisch aus. Auch wenn sie im selben Stadtteil lebten, sah man sie sehr selten. Sie verirrten sich kaum in den Teil von Williamsburg, in dem sich die Cafés, Läden und Restaurants befanden. Der Broadway (in Brooklyn, nicht zu verwechseln mit dem Broadway in Manhattan) funktionierte wie eine mentale Grenze.

Die beiden Frauen in der Umkleide hatten sie offensichtlich überschritten, um schwimmen zu gehen. Sie zogen sich ihre Badekappen vom Kopf, und zwei kahl rasierte Köpfe kamen darunter zum Vorschein. Ich bemühte mich, woanders hinzuschauen und mich nicht zu auffällig unauffällig zu verhalten. Dazu beschlich mich natürlich dieses uns Deutschen zwanghaft anhaftende Gefühl von vererbter Schuld. Und diese unsinnige Befangenheit, jetzt lieber kein deutsches Wort von mir zu geben. Ein witzloser Impuls. Allein, weil hier die größte jüdische Gemeinde außerhalb Israels lebte, zwölf Prozent der New Yorker waren jüdischer Abstammung.

Im Wasser war ich dann die Einzige, die kein Schwimmkleid trug, und fühlte mich, als wäre ich aus Versehen in ein Wasserballett geraten. Oder eher in ein Wassercafé? Denn zum Schwimmen waren die Frauen nicht hier. In plaudernden Zweiergrüppchen schwammen sie auf der Stelle. Ein feuchter Kaffeeklatsch.

„Ja, wusstest du das denn nicht?! Die verheirateten orthodoxen jüdischen Frauen tragen alle Perücken, weil sie ihre Haare nicht vorm anderen Geschlecht entblößen dürfen und ihren Körper schon gar nicht. Deshalb der Vorhang", erläuterte Val, als ich nachhause kam und ihr etwas verstört Bericht erstattete. „Angeblich haben die orthodoxen Juden beim Sex auch immer ein Laken zwischen sich liegen, mit einem Loch drin. Das halte ich allerdings für ein Gerücht, aber es gibt auf jeden Fall 'ne Menge komplizierte Regeln in der orthodox-jüdischen Gemeinde", fuhr sie fort. Ich hatte keine Ahnung und war immer noch etwas verwirrt über diese befremdliche Lebensart.

Ich erinnerte mich, dass mir am Wochenende zuvor auf der Williamsburg Bridge zwei junge Mädchen im Stechschritt entgegengelaufen waren. Beide hatten merkwürdig altmodische, lange Tweedröcke und Blazer an, sauber frisierte Haare und dunkle Strumpfhosen. Dazu trugen sie Turnschuhe. Ich dachte, die Mädchen hätten es eilig. Jetzt wurde mir klar: Die beiden hatten Sport gemacht. In Zivil-Kleidung. „Dürfen die in der Öffentlichkeit auch keinen Sport treiben?", fragte ich Val. „Keine Ahnung, aber wenn du welchen machen willst, warum kommst du nicht mal mit zum Yoga", schlug Valerie vor. Meine Begeisterung hielt sich in Grenzen. „Wenn ich mich schon zum Sport durchringe, dann will ich mich wenigstens richtig auspowern, und Yoga sieht eher nach Mentalsport aus", behauptete ich kühn und hatte keine Ahnung, dass ich mit dieser Einschätzung ziemlich danebenlag. „Beim Yoga schwitzt du sicher mehr als im Hallenbad", konterte Val.

Also lag ich ein paar Tage später neben ihr auf der Matte. Natürlich hatte ich schon vorher geahnt, dass einige dieser akrobatischen Körperverknotungen jahrelanges Training, wenn nicht gar mentale Erleuchtung voraussetzen. Aber dass mein steifes Rückgrat schon bei dem simplen Versuch, mit ausgestreckten Beinen auf dem Boden zu sitzen, nach fünf Sekunden blockierte, stellte schon mal vorab klar, dass da keine gemütliche Meditationsstunde vor mir liegen würde.

Wir fingen mit Sanskrit-Gesängen an und saßen im Schneidersitz. Vor uns der Altar, von dem ein Räucherstäbchen spirituelle Aromen verströmte. Alle um mich herum wiederholten summend im Chor, was die Lehrerin uns vorsang. Ich versuchte mir krampfhaft diese fremden Töne und Silben zu merken, während meine schiefe Stimme sich sträubte, sich in den Fluss der anderen einzubetten. Zwischendurch blinzelte ich heimlich in die Runde, um sicherzugehen, dass mich niemand entsetzt anstarrte, weil ich am Ende des Absatzes mal wieder solo in die plötzliche Stille hineingesummt hatte. So nach und nach tastete sich meine Stimme an den Chor der anderen Stimmen heran, und ich begann mich zu entspannen.

Diese Entspannung verschwand abrupt, als wir mit den ersten Sonnengrüßen begannen. Ich versuchte gehetzt, nicht den Anschluss zu verlieren, schaute mich Hilfe suchend nach Valerie um und versuchte, die Bewegungen meiner Mattennachbarn nachzuahmen. Im Gegensatz zu mir verstanden diese anscheinend ganz genau, was die Yogalehrerin von uns erwartete. In der Theorie klangen diese Posen alle kinderleicht. Der Baum, die Krähe, abwärts schauender Hund, aufwärts schauender Hund. Aber in der Praxis fehlte mir einfach alles, was einen guten Yogi ausmacht: Körperbeherrschung, Muskelkraft, Elastizität – und meine innere Mitte konnte ich auch nicht finden. So sehr ich mich bemühte. Ich fühlte mich vielmehr wie ein angefahrenes Reh, während um mich herum alle mühelos in den Spagat glitten, bewegungslos wie ein Baum auf dem Kopf und genauso verwurzelt auf einem Bein standen und ihre zusammengefalteten Hände gen Himmel streckten.

Ich konnte einen Anflug von Neid nicht unterdrücken und fühlte mich daraufhin erst recht wie ein dilettantischer Freizeit-Yogi. „Ihr müsst euch von der Außenwelt lösen und von Wünschen, Furcht, Zorn und Begierden befreien", ermahnte die Yoga-Lehrerin, als hätte sie meine Gedanken gelesen. „Konzentriert euch nur auf eure Atmung." Ja, die Atmung, die eigentlich ganz gedankenlos von selbst strömen sollte. Ein und aus. Ein und aus. Ein und aus. Selbst dieser körpereigene Reflex wurde plötzlich zur Herausforderung. Ich bemühte mich hechelnd einen Rhythmus zu finden. „Bewegt euch mit dem Ocean Breath", sagte sie. Statt Meeresrauschen pfiff aus meiner Lunge ein asthmatisches Röcheln. Ich hoffte, dass meine Nachbarn darüber hinwegatmeten. „Versucht die Leere wahrzunehmen, das Hier und Jetzt", fuhr sie fort. Leere? Ich hatte mich selten so schwer gefühlt wie an diesem Abend. Hier und jetzt.

Am Ende der Stunde war ich so erledigt, dass ich in der Leichenpose bei dem Versuch, an Nichts zu denken, fast eingeschlafen wäre. Aber erst nachdem ich einen vibrierenden Schmerz in meinem Kreuz weggeatmet hatte, mit dem mir mein Körper eindeutig zu verstehen gab, dass er ein wenig irritiert über diesen neuen Bewegungshorizont war. Kurz darauf stellte sich plötzlich eine unglaubliche Ganzkörperentspannung ein. Um mich herum atmeten lauter bewegungslose Körper mit zufriedenen Gesichtsaudrücken. Es gelang mir zwar, nicht wieder in den Halbschlaf abzugleiten, aber meine Gedanken hüpften dafür umso wilder durch den Raum. Ich dachte daran, dass ich schon wieder vergessen hatte, meine Handyrechnung zu bezahlen. Ach ja, Noelle wartete auch noch auf meinen Rückruf. Und Hunger hatte ich. Einen riesigen, laut knurrenden Hunger. Neben mir ertönte plötzlich leises Schnarchen. Ich war erleichtert, dass es nicht aus meiner Nase kam und dass ich offenbar nicht die Einzige war, die ihre physischen Bedürfnisse nicht unter Kontrolle hatte.

„Und, wie hat's dir gefallen?", erkundigte sich Val, als wir nach der Stunde gegenüber im vegetarischen Restaurant „Café Bliss" auf der Bedford Avenue saßen. „Yoga ist tatsächlich wesentlich anstrengender, als ich dachte, und viel schwieriger, als es aussieht. Aber jetzt, wo es vorbei ist, fühle ich mich total entspannt." Ich bestellte mir eine „Citrus Sensation", eine Reispfanne mit mariniertem Seitan und einen Chai Latte mit Sojamilch. „Das Tolle ist, dass man nach dem Yoga automatisch Heißhunger auf was Gesundes hat", sagte Val. „Ich esse hier sowieso viel gesünder als in Deutschland", erzählte ich ihr, „entgegen allen Prognosen und Vorurteilen, dass man sich in Amerika automatisch dick frisst."

„Klischees sind da, um widerlegt zu werden", entgegnete Val und hatte Recht. Und das war nicht das erste Vorurteil, das sich hier nach genauerer Realitätsprüfung auflöste wie eine Vitamintablette.

März

DAS WAR MIR ALLES ZU KOMPLIZIERT. All diese Regeln, die es zu befolgen, und die Codes, die es zu entziffern galt. Unzähliges gab es hier zu bedenken, das mit Liebe nicht viel zu tun hatte. Dafür brauchte man(n), und die deutsche Frau erst recht, tatsächlich eine Gebrauchsanweisung. Deshalb gibt es reichlich Lektüre und endlos viele Ratgeber-Websites, aber praktizieren muss man es schließlich selbst. Die Rede ist vom „Daten", einem der ganz großen Themen in dieser Stadt, in der es vor Singles nur so wimmelt. Mehr als drei Millionen New Yorker sind alleinstehend. Das ergibt rund 48 Prozent Singlehaushalte. Um diese statistische Einsamkeit zu überbrücken, geht man hier „daten". Die Suche nach dem Richtigen ist ein New Yorker Gesellschaftsspiel. Erfolg hat, wer die Regeln beherrscht. Als ahnungsloser Ausländer muss man auf seinen Exotenbonus hoffen.

„Man kann sich tatsächlich gleichzeitig mit mehreren Typen treffen, und alle Beteiligten finden das ganz normal?", fragte ich mit verständnislos gerunzelter Stirn. Valerie und ich saßen in meinem Zimmer vorm Laptop und begutachteten die Männer, die auf ihr Profil der Dating-Website match.com angesprungen waren. „Warum denn nicht! So kann man eine Weile mehrere Modelle testen, bis man den Richtigen gefunden hat", erwiderte sie. „Das klingt, als wenn du ein Auto suchtest und keinen Mann", schmunzelte ich. Dieser soziale Pragmatismus war mir suspekt.

Auf dem Foto lächelte Val mit knallroten Lippen verheißungsvoll in die Kamera. Dementsprechend hoch war der
Verkehr auf ihrer Seite. Sie wurde regelrecht bombardiert
mit Angeboten. Als Femme fatale kannte ich meine Mitbewohnerin bisher gar nicht. Valerie zählte eher zu dem
uneitlen Typ Frau, der auch nachmittags um drei Uhr noch
im Bademantel durch die Wohnung läuft. Sie war schon
seit mehr als vier Jahren Single, und bisher war das Thema Mann überhaupt kein Thema gewesen. Vor zwei Wochen hatte sie dann beschlossen: „Mit dem Solo-Dasein ist
jetzt Schluss!" Ohne große Umwege wurde sie Mitglied bei
match.com, verbrachte seitdem Stunden und Tage virtuell
online und die Abende auf realen „Dates".

„Sex inklusive?", wollte ich wissen, obwohl ich mir
die Antwort schon denken konnte. Wieder so ein Paradox
im ansonsten eher calvinistisch-lustfeindlichen Amerika, in
dem ein nackter Körper in der Sauna für größeres Auf-
sehen sorgt als Sex mit mehreren Verkehrsteilnehmern.
„Wenn man Lust drauf hat. Klar kann man auch mit verschiedenen Typen schlafen", so Valerie, „wenn man mit demselben Mann mehrmals ausgegangen ist, ist Sex sowieso
die logische Konsequenz. Wenn man das nicht will, muss
man den Typ vorzeitig entsorgen." Entsorgen? Logische Konsequenz? Mein Gott, war ich prüde. Oder altmodisch romantisch? Oder einfach zu deutsch. Ich gehörte eindeutig in
die Kategorie Romantiker, für die eine Beziehung noch etwas Exklusives zwischen zwei Menschen war. „Ist es nicht
wahnsinnig stressig, sich auf mehrere Menschen gleichzeitig einzulassen und allen das Gefühl zu geben, sie seien
der oder die Einzige?", stellte ich das Konzept des „Datens"
weiter in Frage. „Man muss nur strategisch planen und aufpassen, dass man nichts durcheinanderwirft. Außerdem hat
der andere ja auch keine Verpflichtungen und kann sich

treffen und schlafen, mit wem er will. Viele wollen gar keine feste Bindung und einfach nur Spaß haben", sagte sie leichtfertig.

Wir klickten von einem Profil zum nächsten. Schon faszinierend. Wie in einem Selbstbedienungsladen begutachteten wir die Ware Mann. Der eine spielte Tennis, Schach und lief Marathon. Zu ehrgeizig. Löschen. Der andere fuhr Porsche, hatte ein Sommerhaus in den Hamptons und ging am liebsten beim Edel-Japaner „Nobu" essen. Ein Angeber. Löschen. Der Nächste versprach, sich für alles zu interessieren, was sein zukünftiges Herzblatt im Leben liebte. Zu langweilig. Löschen. „O mein Gott, wie sieht denn der aus. Wie ein Serienmörder!", prustete Valerie los. „Sofort löschen", befahl ich.

Es gab natürlich auch reichlich vielversprechende Kandidaten. Vorausgesetzt, man durfte den manchmal fast schon zu hinreißenden Profilen glauben. „Du weißt ja, dass viele einfallslose Singles mittlerweile professionelle Autoren für ihre Website engagieren, um ihrer Identität verbal ein bisschen Sex-Appeal zu verleihen", murmelte ich Valerie zu, die gerade dabei war, ein Treffen mit einem dunklen Lockenschopf zu organisieren. „Vis-a-vis entlarven sich diese Blindgänger ja Gott sei Dank ganz von selbst", antwortete sie. „Schau dir mal diesen schnuckeligen Typ an, den treffe ich morgen."

Ganz nach dem Prinzip des amerikanischen Datens testete Valerie nicht einen nach dem anderen, sondern traf sich wild durcheinander. Mindestens drei Abende die Woche war sie nun damit beschäftigt, sich von fremden Männern zum Kino, Dinner oder auf einen Drink ausführen zu lassen. Manchmal traf sie sogar zwei am selben Abend. Ich fühlte mich zuhause fast ein bisschen verlassen.

„Was denkst du, passt die Bluse besser zur Jeans oder zum Rock?" Val begutachtete sich im Spiegel. „Was macht er?", fragte ich. „Er ist Investmentbanker." – Alles klar: „Rock!" Da ich für ein Frauenmagazin arbeitete, hielt Val mich für eine qualifizierte Fachkraft auf dem Gebiet Mode. Ich bekam im Gegenzug die Details ihres Nachtlebens serviert und gleichzeitig Nachhilfe im Daten.

„Beim ersten Treffen verabrede ich mich meistens zum Kino. Wenn der Typ die absolute Enttäuschung ist, geht man danach einfach nachhause. Dann hat man wenigstens einen Film gesehen und musste sich nicht zwanghaft miteinander unterhalten." Lektion Nummer eins.

„Wenn der Typ interessant ist, ruft man ihn trotzdem auf keinen Fall an. Das könnte einen gewissen Notstand signalisieren. Immer warten, bis er sich meldet! Dann verabredet man sich als Nächstes auf einen Drink. Bloß nicht gleich zum Essen. Das kann nämlich sehr zäh werden. Wenn man Pech hat, ist er doch ein Langweiler, merkt es nicht, bestellt Vorspeise und Nachtisch und man sitzt stundenlang mit einem öden Gespräch fest." Lektion Nummer zwei. – PS: Eine Website empfiehlt für dieses Beziehungsstadium außerdem: „Vermeide es, kontrovers oder übermäßig eigenwillig zu sein. Halte die Dinge leicht und unterhaltsam." Zu viel Gehirn behindert anscheinend den Dating-Fluss.

„Wenn das alles überstanden ist und man sich danach immer noch sympathisch ist, geht man als Nächstes zusammen essen. Dann muss man sich so langsam entscheiden, denn als Nächstes steht die erste gemeinsame Nacht an." Lektion Nummer drei. Ein Dinner für zwei plus Drinks liegt in New York locker jenseits der hundert Dollar. Der Mann zahlt grundsätzlich die Rechnung und erwartet für diese Investition natürlich eine Gegenleistung. Genannt Sex.

„Und ist man dann auch irgendwann auch mal ein richtiges Paar?", wollte ich wissen. „Das kann Wochen, wenn nicht Monate dauern", klärte Val mich auf. „Also, bei uns in Deutschland passiert das von selbst", sagte ich mit hochgezogenen Augenbrauen. „Von selbst? Hier wartet man auf den ‚Talk‘, das entscheidende Gespräch, in dem beide beschließen, Boy- und Girlfriend zu sein und sich exklusiv zu daten. Erst dann führt man eine Beziehung."

Ich war schon in der Theorie prädestiniert fürs Dating-Desaster, auch ohne jegliche Praxis. Für diesen Regel-Urwald fehlte mir nicht nur die Begabung, sondern ganz einfach die Lust. „Also, wenn man im Glücksfall endlich an jemandem interessiert ist, muss man tatsächlich noch wochenlang geduldig darauf warten, bis der andere einen zum ‚Exklusiv-Date‘ hochstuft?", fasste ich noch mal ungläubig zusammen. Bis dahin wachte man möglicherweise neben einem Mann auf, der noch gestern Morgen das Haus einer anderen Frau verlassen hatte und völlig legitim am folgenden Abend mit Date Nummer drei verabredet ist. „New Yorker haben Bindungsängste. Bevor sie sich auf jemanden einlassen und sich festlegen, wollen sie sich ganz sicher sein", erklärte Val. „Und bis dahin wartet jeder, ob da noch was Besseres zwischen die Laken kommt, na prima", beendete ich die Nachhilfestunde.

Valerie war viel harmloser, als es zunächst schien. Bei den meisten Männern tastete sie sich nur bis zum zweiten Treffen vor. Ein Kinofilm, ein kostenloses Dinner, danach war Schluss. Ich hatte schon befürchtet, dass ich mich an ständig wechselnden Herrenbesuch und an diese furchtbar peinlichen Begegnungen gewöhnen musste, die einen morgens auf nüchternen Magen unvorbereitet auf dem Weg zum Badezimmer erwischten.

„Hallo, ich bin Nadine, Vals Mitbewohnerin", streckte ich meine Hand aus und war mir sehr bewusst darüber, dass ich in meinem ollen Nachthemd, mit zerzaustem Haar und Kissenfalten im Gesicht vor einem Fremden in Boxershorts stand. „Ja, guten Morgen, ähhh, ich bin Nick, Vals, ähhh." – „Ja, hat sie erzählt", sprang ich ein und versuchte ihn davor zu bewahren, mir erklären zu müssen, wie er in unsere Wohnung geraten war. Nick zählte zu Valeries engerer Auswahl und war nach einigen Wochen neben David der einzige Mann, bei dem es nach dem dritten Treffen weiterging. Nick war ein junger erfolgreicher Art-Director in einer großen Werbeagentur, der in einem coolen Loft in Williamsburg wohnte. Er war sportlich, mit definiert muskulösen Oberarmen, und er sah aus wie ein blonder Ken.

David hingegen war mindestens 15 Jahre älter als Valerie und lebte das Leben eines Woody-Allen-Charakters. Er sah übrigens auch so aus. Leicht schütteres Haar und eine akademische Brille, die immer drauf und dran war, von der Nase zu rutschen. David war Schriftsteller, wohnte in einem Apartment mit deckenhohen Bücherregalen auf der Upper East Side und pflegte einen intellektuell-neurotischen Lifestyle, den Valerie unglaublich charmant fand. Er wiederum war absolut hingerissen von ihrer jugendlichen Leichtigkeit, überschüttete sie mit Aufmerksamkeiten und führte sie in die schicksten und teuersten Lokale Manhattans aus. Sie blies dafür ein wenig frischen Wind in sein staubtrockenes Upper-East-Side-Dasein.

„Ich glaube, ich mache mit Nick Schluss", sagte Val. Wir standen in der Küche und kochten. Es war Samstag, und wir hatten ein paar Leute zum Dinner eingeladen. „Ich wusste gar nicht, dass man mit jemandem Schluss machen kann, mit dem man noch gar nicht richtig zusammen war. Und warum?", fragte ich, während ich Orangenschale in den großen Topf mit Glühwein raspelte. Bowle und Glühwein waren so ziemlich die einzigen deutschen Spezialitäten, die ich zu unserem Essen beisteuern konnte. Ansonsten war mein deutsches Repertoire schnell erschöpft. Aber Valeries Kochkünste in Kombination mit meiner Vorliebe zu bewirten machten aus uns ein relativ passables Gastgeber-Duo.

„Ach, Nick und ich passen einfach nicht zusammen. Im Bett ist alles super, aber sonst haben wir uns nicht viel zu erzählen." – „Und was ist mit David?", meinte ich. „David ist toll. Bei ihm fühle ich mich wie eine Prinzessin, und wir haben immer unglaublich viel Spaß zusammen. Aber irgendwie leben wir auch in zwei Welten", antwortete sie. „Ich bin sehr gerne zu Besuch in seinem Leben, aber er passt überhaupt nicht in meines. Kannst du dir vorstellen, er heute Abend hier?" Ich musste grinsen und schüttelte den Kopf. Das konnte ich mir tatsächlich nicht vorstellen. Meistens übernachtete Val bei David. Wenn er dann mal ausnahmsweise nach Williamsburg kam, schlich er durch unsere Wohnung wie durch ein Minenfeld. Die Minen waren Begegnungen mit mir. „Ich weiß, wie menschenscheu David ist. Ich kann ihm nicht mal meine besten Freunde vorstellen. Das will ich ihm nicht antun, diese Zyniker würden ihn auseinander nehmen", seufzte sie.

Valeries beste Freunde waren Stacey, Jonathan und Marc. Die vier kannten sich schon seit fast zehn Jahren und ergaben zusammen ein sehr kurioses Quartett. Jonathan war von Beruf Wissenschaftler und im Leben genau das Gegenteil von dem, was man sich unter einem Akademiker vorstellte. Auf seiner Geburtstagsparty vor ein paar Wochen zum Beispiel öffnete er Val und mir dir Tür. Splitternackt. Ich starrte ihn sprachlos an, spürte, wie mir die Gesichtszüge entgleisten, zwang mich, meinen Blick nicht unter die Gürtellinie rutschen zu lassen. Er gab mir eine Umarmung, tat so, als wenn nichts weiter wäre, und bot mir ein Bier an. Im Geiste schrieb ich schon eine E-Mail an meine deutschen Freunde. Titel: Nudisten-Orgie in New York. „Sorry Nadine, ich hab ganz vergessen dich zu warnen. Jonathan läuft auf seinen Geburtstagspartys jedes Jahr unbekleidet durch die Gegend. Am besten ignorierst du das einfach", entschuldigte sie den Zwischenfall kurz darauf. „Meine Freunde sind alle ein bisschen verrückt, aber sehr liebenswert." Plötzlich schrie jemand: „O mein Gott, Jonathan ist vom Dach gesprungen!" Einfach so, aus einer Sensationslaune heraus, hatte er Anlauf genommen und war vom Dachgarten eine Etage tiefer auf den Bürgersteig gesprungen. Da lag er nun nackt, krümmte sich wimmernd in der Embryostellung und hatte sich offensichtlich seinen Fuß verknackst. Ein unbekleideter, auf dem Gehweg liegender Mann ist kein uninteressanter Anblick. Die Passanten waren alle sichtlich belustigt. Von zwei Freunden gestützt humpelte der unbekleidete Jonathan zur Haustür. „Ich kann immer noch nicht glauben, dass dieser Mann jeden Tag in einem weißen Kittel im Labor steht", kommentierte Stacey den Sturz. Stacey war Journalistin und schrieb gerade an ihrem Debütroman. Um ihrer Schriftstelleridentität ein bisschen intellektuelle Schwere zu verleihen, hatte sie vor ein paar Wochen ihr amerikanisches Englisch durch einen britischen Akzent ausgetauscht. „Stacey, das ist lächerlich und außerdem nimmt dir das keiner ab. Man kann seine Herkunft nicht einfach wie ein It-Bag beliebig ersetzen", spottete Valerie über den Dialektwechsel. Aber Stacey hielt daran fest. Der dritte im Bunde, Marc, war im Vergleich zu Jonathan und Stacey ein Langweiler, aber ein schlauer und dazu liebenswerter. Er war Computerspezialist und sah aus wie ein typischer Parka-Träger aus der Oberstufe. Runde Brille, langes dünnes Haar.

Es schellte. Jonathan stand vor der Tür. Mit orangerot gefärbtem Haar. Und Augenbrauen! „Hallo Jonathan, ich muss dir sicher nicht sagen, dass du aussiehst wie der Fast Food Ronald MacDonald." Er schaute mich an und grinste glücklich. Jonathan war nicht daran interessiert, gut auszusehen, er wollte auffallen, provozieren, das war alles. Wenn ihm das gelang, war er zufrieden. Die Besetzung unserer Tafelrunde war genauso bunt zusammengewürfelt wie das alte Hotelgeschirr, das ich vor kurzem in einem kleinen Antikladen in Williamsburg erworben hatte: Valerie und ihre drei besten Freunde; die amerikanische Claire, eine von Paulas vielen Untermieterinnen, die im Stockwerk unter uns lebte; und mein neuer Patchwork-Freundeskreis. Während Vanessa, Noelle und Jonathan rauchend am geöffneten Küchenfenster standen, diskutierten wir im Wohnzimmer über Valeries Dating-Zukunft. „Also, Valerie, wenn der Sex gut ist, solltest du Nick auf jeden Fall weiterhin treffen", so Stacey. „Bin ich eigentlich die Einzige hier am Tisch, die noch an Monogamie glaubt und keinen Wert auf Sextrophäen legt?", fragte ich. „Sicherlich hat Monogamie auch Vorteile: Man muss sich nicht ständig die Beine rasieren", scherzte Stacey. „Aber dafür muss man schließlich erst mal ‚husband material' (Ehemann-Material) ausfindig machen." Stacey ließ sich – und das war kein Geheimnis, weil sie jedem gerne in epischer Breite davon erzählte – kein Matratzenabenteuer entgehen. Erst letzte Woche landete sie mit einem Typ im Bett, der eigentlich, zumindest als der Abend begann, Valeries Date war. „‚Husband material', was ist denn das schon wieder für ein Wort", warf ich ein. „Na, jemand, der ‚marriage potential' (Heiratspotential) hat. So wie David, der hat wenigstens genug Geld", antwortete Stacey. „Wisst ihr eigentlich, wie unglaublich unemanzipiert solche Kategorisierungen sind? Geht's wirklich nur darum, von einem reichen Mann geheiratet zu werden?", wunderte ich mich. „Na, besser als von einem armen", grinste Stacey. Sie wusste, wovon sie sprach. Erstaunlicherweise war gerade sie schon verheiratet und wartete sehnsüchtig auf die Scheidung. Ihre Ehe war im Desaster geendet. Ein verschuldetes Haus in Ohio, blaue Flecken und eine Rückkehr bei Nacht und Nebel nach New York.

„Ich will grad überhaupt niemanden heiraten. Ich wollte einfach nur vier Jahre Zölibat beenden. Das ist alles", verteidigte sich Valerie. Ich bohrte weiter: „Und dass hier bei jedem Date der Mann kategorisch bezahlen muss – findet ihr das gleichberechtigt?" „Wenn man so pleite ist wie ich gerade, ist das auf jeden Fall ziemlich praktisch", entgegnete Val. Auch Stacey gab nicht auf. „Ich finde, das sind sie uns schuldig", behauptete sie störrisch.

Schuldig ist die Spezie Mann den amerikanischen Frauen übrigens auch, zur Verlobung einen Diamantring auszuhändigen, der dem Wert von drei Monatsgehältern entspricht. Das wird nicht selten von der Angebeteten beim Juwelier überprüft. Dieser „Rock" wird dann stolz wochenlang Freunden und Familie unter die Nase gehalten. Eine meiner deutschen Kolleginnen, verheiratet, erzählte mir, wie sie im Urlaub ein amerikanisches Paar kennengelernt hatten. Irgendwann kam es in einem Gespräch unter Frauen auf den Verlobungsring. Die amerikanische Frau nahm an, dass meine Kollegin ihn nicht dabei hatte, weil sie unter den Ringen an ihrer Hand keinen großen funkelnden Klunker entdecken konnte. Irrtum. „Als ich ihr erklärte, dass wir Deutschen keinen großen Wert auf Verlobungsringe legen, konnte sie nicht unterdrücken, dass sie meine Argumentation für eine Ausrede hielt, und schaute mich von da an immer ganz mitleidig an", erzählte sie und konnte ihr Vergnügen über dieses typisch deutsch-amerikanische Missverständnis nicht verbergen.

Zurück zum Dinner. „Also Mädels, meine These ist, dass die amerikanischen Männer das Daten nur erfunden haben, um sich gegen all diese heiratswütigen Frauen zu schützen. Ich hätte auch Angst, mich auf jemanden einzulassen, wenn man als Typ befürchten muss, dass sofort der Verlobungsring erwartet wird", fuhr ich unbeirrt fort. „Wenn wir Frauen kein eigenes Geld verdienen würden, wäre das sinnvoll, aber so hält man hier ein total überholtes Ritual aus der Steinzeit am Leben." Stummes Unbehagen hing plötzlich wie eine Wolke über dem Esstisch. Jonathan rettete mich. „Nadine hat Recht! Die Europäer sind da viel emanzipierter und moderner eingestellt", rief er aus der Küche. Ich nickte zustimmend und schob mir noch eine Scheibe Bruschetta in den Mund. „Deshalb kann ich zu interkontinentalen Beziehungen raten. Da kommt das Beste aus beiden Kulturen zusammen", sagte Vanessa, die mit ihrem deutschen Freund ein lebendes Erfolgsbeispiel war und der einzige Nicht-Single in unserer Runde. „Heiraten wird hier völlig überbewertet. Meine kleine 24-jährige Schwester hat kürzlich mit ihrem Freund Schluss gemacht, weil sie fand, dass es nach fünf Jahren Beziehung an der Zeit war zu heiraten. Er war noch nicht so weit. Und sie hat das gegen die Beziehung ausgelegt und den Schlussstrich gezogen", erzählte Jonathan weiter. „Ich kann deine Schwester verstehen, nach fünf Jahren muss es doch mal weitergehen – und wenn man sich liebt, kann man auch heiraten", verfocht Stacey ihren Standpunkt. „Ihr dürft nicht vergessen, dass alleinstehende Frauen immer noch irgendwie benachteiligt sind", gab Noelle zu bedenken. „Als Frau über dreißig

Single zu sein ist ein Stigma. Selbst in New York. Bei Männern spielt das hingegen überhaupt keine Rolle. Die Ungebundenheit macht sie höchstens noch attraktiver, und sie bekommen erst recht die jungen Dinger ab. Allein deshalb müssen wir Frauen zusehen, dass wir rechtzeitig unter die Haube kommen."

„In der New York Times habe ich kürzlich von einer Studie gelesen, die ergab, dass ledige Frauen über vierzig mit größerer Wahrscheinlichkeit Opfer eines Terroranschlages werden, als einen Ehemann zu finden", fügte Marc trocken hinzu. Wir mussten alle lachen. „Also, bevor wir Singles uns hier weiter in Beziehungstheorien verheddern, sollten wir den restlichen Glühwein einpacken und uns an den East River setzen", schlug Valerie vor.

Da lag sie vor uns und flimmerte. Die Skyline. Aus dieser Distanz konnte man die Insel in ihrer vollen Schönheit begreifen. Keine andere Metropole, weder London, Paris noch Rom, hatte diesen poetischen Anblick aus der Ferne zu bieten, der einen mit voller Wucht traf, wenn man an den Ufern Brooklyns oder New Jerseys stand und Manhattan erblickte. Wir waren in dicken Mänteln durch die dunkle Nacht die Kenmare Street Richtung Norden gelaufen und dann in die North Seventh eingebogen, die direkt zum East River führte und von Brachland umgeben war. Nicht mal Straßebeleuchtung gab es hier. Es war stockfinster. Deshalb waren die Skyline und der Strahlenkranz, den die Stadt an den Horizont warf, noch beeindruckender als ohnehin schon. „Ich hatte keine Ahnung, dass man hier einfach bis ans Wasser laufen kann", sagte ich. „Ist auch nur so halb legal. Dauert sicher nicht mehr lange, bis jemand auf die Idee kommt, hier ein Hochhaus mit Luxusapartments hinzuknallen. Bei der 1-A-Lage", flüsterte Marc.

Wir krochen durch ein großes Loch in einem sehr sporadischen Zaun und setzten uns auf ein paar Blöcke Treibholz direkt ans Ufer. Das erste Mal an diesem Abend waren alle still und hörten der Stadt zu, die auf der gegenüberliegenden Seite beschäftigt vor sich hin summte. Ein verheißungsvolles Rauschen, das vom gelegentlichen Ans-Ufer-Schwappen des East River begleitete wurde. Valerie seufzte tief und drückte wortlos aus, was wir alle empfanden. Wir blickten alle auf die gleiche Stadt, und jeder sah sein ganz eigenes New York. Fabriziert aus Begegnungen, Erlebnissen und Gefühlen, die sich bei jedem anders abgespielt hatten.

Links neben uns wurde der Fluss von drei majestätischen Brücken überspannt, die die Stadt wie pulsierende Venen mit Brooklyn verbanden. Es war schon weit nach Mitternacht, aber der leuchtende Verkehr strömte noch in beide Richtungen. Rauf auf die Insel und runter. „Wie viele Leichen hier wohl vor uns im East River liegen?", unterbrach Jonathan das Schweigen. „Woran du wieder denkst, Jonathan", sagte Val. „Ich war schon so oft hier und bin jedes Mal wieder von diesem gigantischen Panorama überwältigt. Könnt ihr euch vorstellen, wie sich ein Immigrant aus Europa vor hundert Jahren bei diesem Anblick gefühlt haben muss?"

„Wisst ihr, dass man über 13 Jahre gebraucht hat, um die Brooklyn Bridge fertigzustellen?", informierte uns Marc. „Ich kann mir nie merken, in welcher Reihenfolge die Brücken stehen", sagte ich fragend. „Ganz einfach. Besonders für euch Deutsche: BMW – Brooklyn, Manhattan, Williamsburg", antwortete Vanessa. „Wusstet ihr außerdem, dass man Zirkuselefanten als Versuchskaninchen über die Brücke hat laufen lassen, um die Stabilität der Konstruktion zu testen?", fuhr Marc wie ein Lehrer beim Schulausflug fort.

Die Eröffnung der Brooklyn Bridge im Mai 1883 war der Beginn der vertikalen Revolution. Stahl machte es möglich und ließ Manhattan in die Höhe schießen. Als die New Yorker, etwa 150 000 Fußgänger plus 1800 Fahrzeuge, am ersten Tag die ungefähr 1800 Meter lange und damals größte Brücke der Welt überquerten, waren sie höher als in ihrem Leben jemals zuvor, etwa 41 Meter über dem Meeresspiegel. Gebaut wurde sie von dem in Deutschland geborenen John A. Roebling. Auf die Idee, eines der ehrgeizigsten Ingenieursprojekte der damaligen Welt zu bauen, kam er nur, weil eines besonders kalten Wintertages im Jahre 1867 der East River zufror und er nicht wie üblich mit der Fähre über den East River setzten konnte. Der komplette Berufsverkehr zwischen Brooklyn und Manhattan kam zum Stillstand. Marc erzählte uns weiter, dass die Bauleitung letzten Endes von einer Frau durchgeführt wurde: „Da Roebling sich kurz nach Beginn der Bauarbeiten einen Fuß quetschte und tragischerweise drei Wochen später an den Folgen seiner Verletzung starb, übernahm sein Sohn. Aber wie durch einen Fluch erkrankte auch Roebling junior, und seine Frau Emily musste die Bauleitung übernehmen. Emily war die Erste, die damals die Brücke überquerte."

„So wunderschön diese Skyline auch ist, ich muss immer an die Energieverschwendung denken. All diese Büros, in denen nachts das Licht angelassen wird, obwohl niemand mehr da ist", wechselte ich das Thema. „Und außerdem kann man kaum Sterne sehen, weil die Stadt den kompletten Himmel ausleuchtet."

Plötzlich merkte ich, wie Jonathan seinen orangefarbenen Kopf auf meine Schulter legte. Auch wenn der Glühwein meine Wahrnehmung etwas verschleiert hatte, war ich sofort hellwach. Den Bruchteil einer Sekunde überlegte ich hin und her, aber schon eine halbe Sekunde später entzog sich diese Vorstellung umgehend meiner Fantasie. Ich mochte Jonathan zwar sehr gerne. Aber nur gut dosiert und als gelegentliche Unterhaltung auf rein platonischer Ebene. Dies war zwar die romantischste Kulisse, die ich mir hätte vorstellen können. Aber auf keinen Fall mit Jonathan in der Besetzung des Romeos. Ich versuchte ihn mit einer fröstelnden Ganzkörperbewegung abzuschütteln. Was ihn leider dazu veranlasste, seinen Arm um meine Schulter zu legen und zu fragen: „Ist dir kalt? Ich rücke gerne noch etwas näher." Ausgerechnet Jonathan. Ich schaute mich nach Rettung um, aber mein flehender Blick versank leider in der dunklen Nacht, weil alle Richtung Manhattan starrten. Da ich keinen anderen Ausweg sah, sprang ich auf und hoffte, mit einer hektischen englischen Übersetzung von „Man soll immer gehen, wenn's am schönsten ist" Aufbruchstimmung zu erzeugen. Natürlich verstand niemand, was ich eigentlich sagen wollte. Einer Ratte sei Dank hüpfte kurz darauf auch Vanessa in die Höhe und schrie: „Uah, habt ihr die fette Ratte gesehen? Außerdem ist mir kalt. Lasst uns lieber wieder nachhause gehen."

April

WAS MAN IN NEW YORK nicht haben darf, ist Zeit. Diese Theorie hatte sich mir in den letzten Monaten aufgedrängt. Wer zugibt, Zeit zu haben, macht sich geradezu verdächtig. Es käme einem Geständnis gleich. Womöglich war man ein Langweiler. Oder einfach nicht wichtig und erfolgreich genug. Besser kommt an, wer „stressed out" ist und auf jeder Party tanzt. Stress ist so was wie ein Statussymbol. Auf die Frage „Wie geht's?" sagt ein New Yorker daher sehr oft „Good, but I am really, really busy" – also sehr, sehr beschäftigt. Deshalb entledigt man sich zeitraubender Alltäglichkeiten bei jeder Gelegenheit. Man lässt seine dreckige Wäsche abholen und wieder sauber nachhause liefern. Man joggt mit Kinderwagen und Hund, so hat man gleich drei Pflichten auf einmal erledigt. Man bestellt Essen, statt zu kochen. Zeit ist in dieser Stadt alles. Das weiß jeder.

Auch mich beschlich langsam das Gefühl, dass ich davon ständig zu wenig hatte. Nicht, weil ich mich für wahnsinnig wichtig und unentbehrlich hielt. Aber es gab so viel zu tun! Das unerschöpfliche Angebot an Dingen, mit denen man seine Zeit verbringen konnte und wollte, stand in keinem Verhältnis zu der Zeit, die einem tatsächlich zur Verfügung stand. Irgendwo gab es immer eine Vernissage, ein Festival, eine Party, ein neues Theaterstück, ein Dinner, ein Konzert oder eine wichtige Museumsausstellung, die in den 500 Galerien, 200 Museen, 150 Theatern und 18 000 Restaurants stattfanden. 2000 Kulturinstitute gaben sich die größte Mühe, die New Yorker rund um die Uhr zu beschäftigen. Und die Rede ist nicht von irgendwelchen Veranstaltungsorten, sondern von den Tempeln der Hochkultur, vom MoMA bis zur Metropolitan Opera, von der Carnegie Hall bis zum Broadway. In New York spielte, kochte, zeigte und geigte in allen Disziplinen die erste Liga. Bisher hatte es kein Ort der Welt auch nur annähernd geschafft, New York den Rang als Kulturhauptstadt abzulaufen. Einer Metropole, in der das Kulturgewerbe als viertgrößter Arbeitgeber jedes Jahr Milliardenumsätze abwirft. Die Anziehungskraft New Yorks ist eine Wechselwirkung aus dem Strom kreativer Menschen, die es magnetisch herzieht, und den Kopfgeburten, die hier täglich das Licht der Welt erblicken. New York ist der Tatort, an dem der britische Sänger David Bowie seine Hits kreiert, der Regisseur Woody Allen schon etliche legendären Filme gedreht hat und der indische Autor Salman Rushdie an seinen Bestsellern schreibt. Und meine Mitbewohnerin Valerie schlug sich hier als Schauspielerin durch.

Entscheidend war, die richtige Auslese aus diesem Feuerwerk an Möglichkeiten zu treffen. Dazu musste man fleißig seine Hausaufgaben machen. Ich fand diesen Informationsmarathon zum Teil sehr ermüdend. Deshalb war am besten, man kannte die richtigen Leute. Die, die immer Bescheid wussten. Denn wehe, man verpasste ein Highlight. Genau davon sprach dann garantiert jeder. Immer und immer wieder. „Lifechanging", ein absolutes „must see" – und man selbst stand dumm daneben und wurde zum passiven Zuhörer degradiert.

Dieser Hunger auf Kultur und Unterhaltung führte zwangsläufig zu langen Schlangen. Am Ende dieser Schlangen saßen Menschen mit Listen. Und auf dieser Liste zu stehen bedeutete alles. Wie der eigene Name es manchmal schaffte, sich dort einzureihen, und manchmal einfach spurlos verschwand, war mir noch immer ein Rätsel. Ich schickte immer brav meine „rsvp-" (répondez s'il vous plaît) E-Mails ab. Auf die folgte gelegentlich eine Bestätigung. Meistens jedoch willkürliche Stille. Dann stand man in voller Ausgeh-Montur am Eingang, vor einer Horde ungeduldig wartender Menschen, während der Finger des Türstehers in der S-Spalte suchend auf- und abglitt. „Sorry, ich kann deinen Namen leider nicht finden." Der Moment der Demütigung. Man kam nicht rein. Wenn man dann ganz großes Glück hatte, rief plötzlich jemand: „Nein, nein, sie ist mit mir hier, du kannst sie reinlassen!" Dieser Retter in der Not gehörte offensichtlich zum begehrten sozialen Netzwerk.

Kultur ist für die meisten New Yorker keine individuelle Geschmackssache, sondern ein kollektiver Lifestyle. Das mag übertrieben klingen, aber Übertreibungen dienen der Verdeutlichung. Die Allianz zwischen Kultur, Glamour und Wohltätigkeit wird hier zelebriert und ist ein wichtiger Aspekt des gesellschaftlichen Lebens der Reichen und Schönen. Philanthropie als Verpflichtung ist in New York verwurzelt, seit der Eisenbahn-Magnat Carnegie der Stadt die berühmte Konzerthalle spendierte. Auf den Benefiz-Galen knallen guten Gewissens die Champagnerkorken, schließlich sammelt man feiernd für das Allgemeinwohl. Und zwar einige Milliönchen.

„Kultur scheint hier in der Luft zu liegen, ganz so, als ob sie Teil des Wetters wäre", sagte der berühmte Schriftsteller Tom Wolfe über seine Wahlheimat. In seinem 552-Seiten-Bestseller „Fegefeuer der Eitelkeit" sezierte er mit der gnadenlosen Präzision eines Chirurgen das New Yorker Lebensgefühl der Achtziger.

So wachte ich am Wochenende schon mit dem Gefühl auf, mich beeilen zu müssen. Es war früher Samstagmorgen, und ich hatte einiges vor. Ich sprang aus dem Bett, überlegte, ob ich noch kurz ein Telefonat mit meiner Mama vor die Yogastunde schieben sollte. Ich entschied mich dagegen und lief stattdessen die Treppe hinunter, um meine New York Times zu holen. Die wartete eingetütet vor der Haustür auf mich. Gesetzt den Fall, dass sie nicht, wie so oft, in aller Herrgottsfrühe geklaut worden war. Die Wochenendausgabe der New York Times, muss man wissen, ist neben dem Wochenmagazin „New Yorker" die Informationsbibel der Stadt. Pflichtlektüre für alle, die wissen wollen, was los ist. Ein grober Kompass durch den Kultur-Dschungel der Stadt. Abonnenten bekommen schon am Samstag das begehrte Magazin und die Feuilletonbeilage. Der Rest muss bis Sonntagmorgen warten und bekommt dafür zwei Kilo Nachrichten, Reportagen und Kultur auf einen Schlag. Diese galt es, innerhalb von 24 Stunden zu bewältigen, denn am Montag war das Wochenende schon wieder News von gestern.

Während eines Sonntagsspazierganges durch Manhattan begegnete man der New York Times überall. Zusammengeklappt wird das Bündel Information durch die ganze Stadt getragen. Und gelesen. In der U-Bahn. Auf dem Spielplatz. Im Café. Im Park. Die New Yorker schleppen ihre Tageszeitung am Wochenende an jeden Ort. Irgendwo lässt sich immer noch kurz ein Artikel dazwischenschieben.

„Kommst du heute Abend?", fragte Valerie, als ich vom Yoga zurückkam, „Jonathan kommt auch." Ich schaute sie an und runzelte ungläubig meine Augenbrauen: „Du glaubst doch nicht wirklich …"

„Nein, ich weiß, war nur ein Spaß. Jonathan hat schon kapiert, dass da nichts zwischen euch laufen wird. Ich hoffe, du kommst trotzdem."

Natürlich. Auf keinen Fall würde ich mir Valeries Premiere entgehen lassen. Das erste Mal, dass ich meine Mitbewohnerin auf der Bühne erleben würde. „Not Dead Yet" hieß das Stück, eine politische Satire, und Valerie spielte einen Cowboy.

„Kannst du mir noch mal kurz erläutern, worum es konkret geht?", fragte ich Valerie, die mit Lockenwicklern im Haar am Tisch saß und ihren Marmeladentoast knusperte, während ich vorm Herd stand und gefrorene Beeren in mein „Oatmeal" rührte. Die Suche nach adäquatem Vollkornbrot hatte ich mittlerweile aufgegeben. Stattdessen aß ich jetzt fast jeden Morgen gekochten Haferschleim. Meiner Meinung nach die gesündeste Option unter den amerikanische Frühstückalternativen Waffeln, Pancakes, Bageln oder Eiern.

„Ich will dir nicht zu viel verraten. Es geht um politische Manipulation und den amerikanischen Mythos des starken Cowboys, mit dem wir aufräumen wollen. Du wirst dich auf jeden Fall amüsieren", antwortete Val, die dazu übergegangen war, ihr Frühstücksgeschirr abzuspülen. Dazu trug sie wie immer zwei pinkfarbene Plastikhandschuhe, kreiste mit der Bürste zweimal grob über den Teller, ließ das Wasser drübertröpfeln und stellte ihn zum Trocknen in die Halterung. Nach einem Leben mit Einweggeschirr konnte ich bei ihr keine deutsche Reinlichkeit erwarten. Nicht, dass ich darauf stolz gewesen wäre, dass wir Deutschen uns in Europa an die Spitze des Reinigungsmittelverbrauches geputzt hatten. Und ich würde auch nicht behaupten, dass ich einen Sauberkeitsfimmel habe, aber die hygienischen Zustände in unserem Kühlschrank nahmen teils bedenkliche

Formen an. Valeries Ernährung hinterließ Spuren. Überall. Auch jetzt. Sie stand auf, und zurück blieben Toastkrümel und ein Marmeladenfleck auf dem Küchentisch.

„Ich kann immer noch nicht glauben, dass ihr das Stück wochenlang geprobt habt und nichts daran verdienen werdet!", rief ich in Richtung Badezimmer. „Wenn wir Glück haben, spielen wir so gerade die Unkosten ein. Theater ist eine brotlose Kunst, und Schauspieler sind offensichtlich so egozentrisch, dass sie für den Applaus des Publikums sogar umsonst schuften und nebenbei kellnern gehen", seufzte sie.

Um acht Uhr würde sich der Vorhang im „La Mama" im East Village heben. Ein Experimentaler Theater-Club – so stand es auf der Website. „Das La Mama gibt's schon ewig, ist so eine typische East-Village-Institution", erklärte Val. Ich hatte noch exakt acht Stunden um zu duschen, mich mit Noelle in dem Atelier ihrer Schwester in SoHo zu treffen, danach ein paar Ausstellungen im Galerien-Viertel Chelsea zu besuchen und wieder nach Williamsburg zurückzukehren, um anschließend mit der U-Bahn ins East Village zum Theater zu fahren. Ich hatte es ja schon beim Aufstehen geahnt: Ich musste mich beeilen.

Eine weibliche Stimme schepperte verzerrt durch die Lautsprecher. Ohrenbetäubend, und ich verstand trotzdem kein Wort. Ich schaute die Leute um mich herum an und fand genauso große Fragezeichen in deren Gesichtern wie in meinem. „Ich glaube, das sollte heißen, dass der L-Train heute nicht in Richtung Manhattan fährt, sondern nur in Brooklyn", mutmaßte die Frau neben mir. Wie ärgerlich. Wie immer hatte ich nicht auf die Anschläge mit den Fahrplanänderungen geschaut. Ich rannte die Treppen wieder hoch, raste die Bedford Avenue zurück, vorbei an der South

3rd, Richtung Süden zum J-, M-, Z-Train. Gut, dass es wenigstens eine alternative Manhattan-Anbindung gab, dachte ich. Sonst würde ich jetzt in Brooklyn festsitzen und müsste mich von meinem Kulturprogramm verabschieden. Diese gelegentlichen Verkehrsstörungen kamen immer ungelegen, aber beschweren durfte sich im Prinzip niemand. Schließlich fuhren die U-Bahnen 24 Stunden, jeden Tag. Irgendwann mussten die Instandhaltungsreparaturen ja durchgeführt werden. Aber warum ausgerechnet heute? So war ich schon eine halbe Stunde zu spät, bevor ich Brooklyn überhaupt verlassen hatte.

Mein deutscher Pünktlichkeitswahn hatte große Schwierigkeiten, sich hier anzupassen. Man war dem öffentlichen Verkehrssystem gnadenlos ausgeliefert. Zu spät kommen ließ sich einfach nicht verhindern. Die U-Bahn kam manchmal sofort und manchmal erst nach zwanzig Minuten. Wenn man dann noch umsteigen musste und das Gleiche noch mal passierte, war man, wenn man Pech hatte, vierzig Minuten später am Ankunftsort, als wenn man Glück gehabt hätte.

Und dieses Glück ließ sich leider nicht kalkulieren.

Ich stand gerade unten auf der ersten Treppenstufe, als ich hörte, wie über mir quietschend die U-Bahn in der Station hielt. Die Gleise der J-, M- und Z-Linien lagen an dieser Stelle oberhalb der Straße. Die U-Bahn fuhr über die Williamsburg Bridge in die Stadt. Vor mir lag eine steile Treppe mit sehr vielen Stufen, und ich sprintete nach oben. Hektisch suchte ich in meinem Portemonnaie die Metro-Karte. Ich konnte sie nicht finden, stand völlig außer Atem vorm Drehkreuz und musste mit ansehen, wie der Zug nach Manhattan fuhr. Ohne mich.

„Da bist du ja", begrüßte mich Noelle und öffnete die Tür des Frachtaufzuges, die direkt in das offene, lichtdurchflutete Loft führte. „Ja, tut mir echt leid, aber …“, versuchte ich mit schlechtem Gewissen, meine einstündige Verspätung zu erklären. „Ist doch überhaupt kein Problem, komm rein“, sagte sie. Die Amerikaner – wie immer Verständnis für Verspätungen. Noelles ältere Schwester Laura war Produktdesignerin und hatte ein eigenes Atelier in einem großen Loft in SoHo. Sie hatte ihre Freunde zu einem internen Flohmarkt eingeladen. Auf einem großen Tisch lag ein Riesenberg Klamotten, daneben standen mehrere Flaschen Rotwein. Einige davon schon geöffnet.

„Jeder hat Sachen mitgebracht, die er eh nicht mehr anzieht. Nimm dir einfach, was dir gefällt“, sagte Laura zu mir, „und mach dir keine Gedanken, ob du was beisteuern konntest oder nicht. Wirklich, bedien dich.“ Nach sieben Monaten New York hatte ich tatsächlich keine überschüssigen Kleidungsstücke im Schrank. Mehr als die Klamotten interessierte mich allerdings der Blick aus den großen Fenstern: Man schaute mitten rein ins wunderschöne SoHo.

„Wow, ein tolles Loft. Und dass der Aufzug gleich im Atelier hält, ist echt toll“, sagte ich. „In SoHo ganz normal“, erwiderte Laura und erzählte, dass die alten historischen Gebäude ursprünglich als Produktions- und Lagerräume genutzt worden waren. Das erklärte auch, warum der Aufzug längst nicht so elegant wie die Exemplare im Rockefeller Center gewesen war. Statt mit einer Wandverkleidung aus edlem Holz, Info-Screens mit eingespielten News samt Wetterlage und goldfarbenen Druckknöpfen konfrontiert zu werden, stand ich in einem rohen Lastenaufzug, der schwerfällig von Etage zu Etage geklettert war. „Diese ganzen tollen Cast-Iron-Gebäude, die du hier in SoHo überall siehst, wären um ein Haar in den Sechzigern alle abgerissen worden“, sagte Noelles Schwester.

Aufgrund der vielen historischen Gebäude mit den gusseisernen Fassaden wird SoHo auch Cast-Iron-Viertel genannt. Diese Gusseisen-Konstruktionen sind ein Relikt der amerikanischen Gründerzeit (1840–1890). Das Material erlaubte damals eine völlig neue Baustruktur mit großen Fenster- und Raumflächen – hervorragend für die damaligen Fabriken – und gestalterischem Freiraum, der genutzt wurde, um Fassaden mit dekorativen Barock- und Renaissance-Elementen zu schmücken. Die wurden dann flink hell übergepinselt und sahen aus wie die schicken Steinfassaden in Italien und Frankreich, die man sich zum Vorbild nahm. Gusseisen war günstiger und konnte schneller verbaut werden als Stein, weil die Elemente industriell vorgefertigt wurden. Die Fertigbauten der damaligen Zeit sozusagen, die heute unter Denkmalschutz stehen.

„Der Städteplaner Robert Moses wollte mitten durch die Stadt, von Ost nach West, den Lower Manhattan Expressway bauen. So wären ganze Neighborhoods, wie das East Village, SoHo, Nolita und das West Village, ausgelöscht worden", fuhr Laura fort. „Du musst unbedingt mal ein Buch über Robert Moses lesen, danach verstehst du die Anatomie der Stadt viel besser."

Robert Moses, dieser Name fiel so oft. Die einen verehrten ihn als einen der größten Visionäre der Architekturgeschichte, die anderen hassten ihn für seinen zerstörerischen, zu Beton gewordenen Größenwahn. Einig ist man sich allerdings, dass der Sohn einer deutsch-jüdischen Einwandererfamilie der einflussreichste Stadtplaner in der Geschichte New Yorks war. Zugute halten muss man ihm viele Brücken, Tunnels und eine Reihe öffentlicher Parkanlagen, Schwimmbäder und 658 Spielplätze. Die setzte er in den Dreißigern mit dem damaligen Bürgermeister Fiorello Henry LaGuardia durch, obwohl in der Stadt gerade die Weltwirtschaftskrise wütete. Für die Menschen damals, vor allem für die ärmere Arbeiterklasse, eine erhebliche Steigerung der Lebensqualität, von der bis heute alle profitieren.

„Diese hässlichen, riesigen Sozialbauten, die du gerade gesehen hast, als du mit der U-Bahn über die Williamsburg Bridge gefahren bist, und die das ganze Ufer des East River verschandeln, die haben wir Moses zu verdanken. Dafür hat er intakte Viertel mit kleinen Läden, Cafés und Nachbarschaftsgemeinden dem Erdboden gleichgemacht. Leute, die vorher ein soziales Netzwerk hatten und ihre Nachbarn kannten, mussten in diese sterilen, isolierten Wohntürme ziehen", schnaubte Laura missbilligend, „wenn sie es sich danach überhaupt leisten konnten. Du kannst dir ja vorstellen, dass das allmählich zu einer sozialen Erosion und zu Rassentrennung, Arbeitslosigkeit und Kriminalität geführt hat." Ich hatte mich schon immer gefragt, wer auf die verrückte Idee gekommen war, das Ufer des East River mit diesen hässlich monotonen, roten Ziegelstein-Hochhäusern zu blockieren. Robert Moses also. Er hatte auch die beiden Highways zu verantworten, die die Insel von beiden Ufern trennte. Der „West Side Highway" schirmte den Hudson River ab, der „FDR" den East River.

Robert Moses bekanntestes Opfer war der historische Bahnhof Penn Station an der 7th Avenue, Ecke 33. Straße. Ein wunderschönes, beeindruckendes Beaux-Arts-Meisterwerk, das aussah, als hätte man es aus Rom importiert. Der Abriss des massiven Bauwerkes begann 1963 und dauerte drei ganze Jahre. Die Trümmer der wunderschönen Baustruktur samt ihren Säulen, Karyatiden und Skulpturen verscharrte man kurzerhand im Brachland von New Jersey. An seine Stelle trat ein charakterloser, bis heute von allen New Yorkern verhasster Sechzigerjahre-Bau. Die ganze Stadt war schockiert. Die New York Times schrieb damals: „Bis zum letzten Augenblick hat niemand glauben können, dass der Penn Station Bahnhof wirklich vernichtet werden und dass New York diesen Akt des Vandalismus gegen eine der wunderbarsten Sehenswürdigkeiten unserer Zeit zulassen würde." Doch was seine Mitbürger dachten, war dem rücksichtslosen Visionär ziemlich egal. Moses' Mission war die Modernisierung New Yorks. Eine Megalopolis im Sinne des Pariser Modells von Le Corbusier. Fortschritt setzte er über die Interessen der einzelnen New Yorker. Zu seinen größten Leidenschaften zählten Automobile, die er schon damals für die Zukunft hielt. So hinterließ er 627 Meilen Autobahn. Und das, obwohl er selbst nicht mal Auto fahren konnte. Er ließ sich chauffieren. Seine Vision für New York war die „Urbane Erneuerung". Ein Netz aus gigantischen modernen Glastürmen und Autobahnen, ohne Rücksicht auf gewachsene historische Strukturen und das den New Yorkern so wichtige „Streetlife". Er war bereit, die kleinen Straßenblöcke mit ihren Brownstones, die Neighborhoods und das vielfältige Leben auf dem Bürgersteig zu zertrümmern.

„Wow, Laura, was du alles weißt!", sagte Noelle zu ihrer Schwester. „Und wie ist es dazu gekommen, dass Moses SoHo nicht plattgemacht hat?"

„Das haben wir einer Schriftstellerin namens Jane Jacobs zu verdanken. Sie stand an der Spitze der Aktivisten und organisierte in SoHo vehement den Widerstand gegen Moses. Mit Erfolg. Es hätte auch schiefgehen können", antwortete Laura. „Ihr wollt euch doch gleich noch ein paar Ausstellungen in Chelsea anschauen. Die ganzen Galerien dort hätte es vielleicht niemals gegeben, wenn SoHo damals dem Highway hätte weichen müssen."

„Was hat Chelsea jetzt mit SoHo zu tun?", sprach Noelle die Frage aus, die auch mir gerade auf der Zunge gelegen hatte.

„Na ja, SoHo war zwischen den Sechzigern und Neunzigern das eigentliche Mekka der New Yorker Kunstszene. Damals machten sich junge Kreative in den leerstehenden und zum Teil ziemlich heruntergekommenen Produktions- und Lagerstätten breit, die die Textilindustrie zurückgelassen hatte. Sie verwandelten die offenen Etagen der historischen Gebäude in riesige Lofts, großzügige Ateliers und Galerien. Hier feierten, wohnten, und kreierten tatendranghungrige Intellektuelle wie Yoko Ono, Joseph Beuys und Robert Rauschenberg ein Kapitel New Yorker Geschichte", antwortet Laura. „Langweile ich euch eigentlich mit meinem kunsthistorischen Monolog?"

Überhaupt nicht. Ich fand das unglaublich interessant und wollte gern mehr hören. Schon wieder so eine Wissenslücke, die es zu schließen galt.

„Man erfand sich und ganz nebenbei auch die Kunst neu. Die Aktionskunst wurde geboren und das Künstler-Netzwerk ‚Fluxus' – lateinisch für ‚fließen'. Kreative aus ganz unterschiedlichen Bereichen wie der Musik, der Literatur, der Malerei ‚flossen' zusammen und veranstalteten ‚Happenings': avantgardistische Performances und konzeptionelle Kunst, die von Spontaneität, Improvisation und der Verschmelzung verschiedener Disziplinen, spiritueller Werte und politischer Themen lebte. Der Zuschauer wurde zum Teil der Kunst. Man lebte Kunst. ‚Jeder ist ein Künstler', behauptete Beuys damals kühn und erhob jeden noch so alltäglichen kreativen Akt zur Kunst. Kuchenbacken ebenso wie ein Gemälde malen. Kunst als Anti-Kunst für alle. Ein Affront gegen die elitäre Oberschicht. Ja, und wäre SoHo der geplanten Schnellstraße zum Opfer gefallen – wer weiß, vielleicht hätte sich die Kunstwelt in New York niemals so entfalten können. Dank der heftigen Bürgerproteste wurde

verhindert, dass ein wichtiges Stück Bau- und Kunstge-
schichte verloren ging."

Was dann passierte, wissen wir.

Kreative wurden durch Touristen ausgetauscht und Galerien durch edle Boutiquen. SoHo ist mittlerweile einer der
teuersten Immobiliengründe Amerikas. Schon Mitte der
Neunziger konnte sich dort niemand mehr leisten, Kunst
zu verkaufen. Die Galerien wanderten nach Chelsea ab.
„Wenn ich euch jetzt noch einen Vortrag über Chelsea halte,
sind die Galerien geschlossen, bevor ihr da seid", scherzte
Laura, und es wurde Zeit zu gehen.

„Wo sonst bekommt man Kunst in dieser Vielfalt und Dichte zu sehen – und das ohne Eintritt", schwärmte Noelle. Ich
nickte zustimmend. Wir schlenderten von einer Galerie zur
nächsten. Tür an Tür wurden in ehemaligen Garagen, Lagerhallen und Industriegebäuden Werke berühmter Künstler
ausgestellt. Die Räume sahen alle gleich aus. Groß, leer, weiße Wände, hohe Decken, Betonfußboden. Und es herrschte fast überall, trotz reichlichem Besuch, sakrale Stille. Für
alltägliche Belanglosigkeit war hier kein Platz. „Noch vor
Ende der Vernissage war die komplette Ausstellung schon
ausverkauft. Hat mir gerade die Frau am Empfang erzählt",
flüsterte Noelle mir ins Ohr. Nun hing sie noch ein paar
Wochen für die Öffentlichkeit an der Wand. Für Menschen
wie uns, mit keinerlei Kaufabsicht und schon gar nicht
dem nötigen Budget. Millionen waren hier auf wenigen
Blöcken ausgestellt, in den renommiertesten Galerien der
Welt. Matthew Marks platzierte sich hier mit vier Nieder-
lassungen und Werken von Andreas Gursky, Fischli und
Weiss und Willem de Kooning. Die Gagosian Galerie ver-
trat Künstler wie Richard Serra, Andy Warhol und Anselm
Kiefer. Und bei Barbara Gladstone wurden Richard Prince

und Matthew Barney verkauft. „Unglaublich praktisch, dass die Kunstwelt sich in einem Viertel versammelt hat und man nicht quer durch die Stadt fahren muss, um sich verschiedene Ausstellungen anzuschauen", sagte ich. Natürlich waren die New Yorker Galerien in der ganzen Stadt versprengt, aber Chelsea war mit dreihundert das offizielle Epizentrum. Einige der etablierten Galerien hatten auch noch eine weitere Ausstellungsstätte in Midtown. Und in der Lower East Side, Williamsburg und Dumbo hatten in den letzten Jahren viele Newcomer eröffnet. Und dann gab es natürlich noch ein paar Überbleibsel im ehemaligen Künstlerviertel SoHo.

„Schau dir die beiden da drüben an", sagte Noelle. Wir standen in der Charles Cowles Galerie, und sie deutete auf einen Mann und eine Frau älteren Jahrgangs. Beide im Partnerlook. Sie trugen Baskenmützen. Er in Grün, sie in Gelb. Darunter kamen bei ihr ein grauer Pagenschnitt und bei ihm ein grauer Kurzhaarschnitt und große Männerohren zum Vorschein. Dazu hatten sie adrette, farblich abgestimmte Rollkragenpullover an. Er in Grün, sie in Gelb. Die beiden waren mindestens schon siebzig. „Die sind in ihrer Jugend sicher noch durch die Galerien in SoHo geschlendert", tuschelte Noelle mir zu. Sie standen vor einer überdimensionalen Fotografie des Künstlers Edward Burtynsky und studierten durch ihre dicken Brillengläser intensiv ein Bild der Reihe „Shipbreaking". Die fotografische Dokumentation eines Schiffsfriedhofs in Bangladesch: riesige, an den Strand gespülte Industrie-Leichen. „Erinnerst du dich an seine Ölfelder?", fragte sie. „Natürlich, vor zwei Jahren, was für eine kraftvolle Gegenüberstellung …" Die Falten, die von einigen Jahrzehnten Leben zeugten, bewegten sich lebhaft beim Sprechen. Hand in Hand gingen sie langsam zum nächsten Bild. Neben uns schob eine durchgestylte Mutter ihre beiden Zwillingsbabys in einem alten nostalgischen Kinderwagen an den Landschaftsaufnahmen vorbei. Sie trug teure Boots mit hohen Absätzen und sah aus wie ein Model. Aus dem zweiten Raum schoss uns ihr Sohn auf dem Tretroller entgegen.

„Ich weiß nicht, wie du groß geworden bist", sagte ich zu Noelle, und mir fiel mal wieder auf, wie fremd mir die Vergangenheit meiner neuen Freunde war, „meine Eltern haben mich zwar auf einige Hippie-Festivals geschleppt, aber an eine Ausstellung kann ich mich partout nicht erinnern." Das kulturelle Erziehungsprogramm meiner Kindheit beschränkte sich mehr oder weniger auf den Bastelunterricht im Kindergarten. Vielleicht sollte ich ein Geständnis dieser Art in New York lieber für mich behalten?

„Die Kinder in dieser Stadt haben uns gegenüber doch einen riesigen Vorsprung. Was die schon alles zu sehen bekommen haben, bevor sie überhaupt einen Buntstift in der Hand halten können", fügte ich hinzu. Ich erinnerte mich an die siebenjährige Tochter meiner Kollegin Olga, die uns letzte Woche im Büro einen Besuch abgestattet hatte. Zu unser aller Freude. Denn um gefaltete Papierflieger aus dem Fenster des 26. Stock zu werfen, braucht man definitiv einen Komplizen unter zwölf. Dann freut man sich selbst wie ein Kind, wenn der langsam in die Tiefe segelnde Flieger einem verdutzten Passanten vor die Füße stürzt. Emma präsentierte mir stolz ein Bild, das sie am Vortag in der Schule gemalt hatte. Ein Haufen bunter Kleckse. Ich wollte gerade ein Lob aussprechen, als sie mir zuvorkam: „Nur damit du Bescheid weißt: Das ist meine Interpretation von Jackson Pollock." Jackson Pollock? Woher wusste ein siebenjähriges Mädchen, wer Jackson Pollock war?

Wir schlenderten weiter. Um uns herum extrem gut angezogene Menschen, in ihrer Individualität fast schon konform. Jeden Alters. Mit intellektuell wirkenden Brillen. Großen Handtaschen. Kindern. Hunden. In die Betrachtung vertieft. Im hektischen Vorbeigehen. Nach zehn Galerien konnte ich mich nicht mal an die Hälfte der betrachteten Künstler erinnern.

Etwa vier Stunden später großer Applaus. Valerie auf der Bühne zu sehen verlieh ihrer Person eine ganz neue Dimension. Noelle und ich strömten mit den anderen Zuschauern aus dem Theater. „Was machen wir jetzt?", fragte Noelle. „Also, wir haben vier Möglichkeiten", sagte ich und wollte gerade ausholen, um unsere Optionen aufzuzählen, als plötzlich ein Mann dicht neben uns stehen blieb. Er trug einen grauen Anzug, eine rote Fliege, einen elegant gestutzten Bart und streckte uns etwas entgegen. Ein Bouquet. Nein, keine Blumen. Pinsel! „Wollt ihr 'nen Pinsel kaufen?", fragt er trocken und schaut uns ganz ernsthaft an. Einen kurzen Augenblick waren wir beide verdutzt. „Only in New York, Kids, only in New York ...", prustete Noelle laut los.

Mai

„FAHRRAD FAHREN IN NEW YORK? Ist das nicht ein bisschen lebensmüde?", die Reaktion aus Deutschland war immer die Gleiche. Eine berechtigte Frage. Auch ich hatte bis dato nur tätowierte Kuriere und müde Pizza-Lieferanten für verrückt genug gehalten, ein Zweirad durch die New Yorker Verkehrshölle zu manövrieren. Und die Rikscha-Fahrer, die den Taxis seit neustem motorlos Konkurrenz machten. Also Menschen, die vom Sattel aus ihren Lebensunterhalt bestritten. Alle anderen, so dachte ich, fahren U-Bahn oder Taxi. Denn ein Auto besaß niemand. Zumindest war ich hier bisher noch keinem Fahrzeughalter begegnet. Denn wer hatte schon Lust, in aller Herrgottsfrühe regelmäßig auf der Suche nach einem neuen Parkplatz um die Blöcke zu kreisen, weil die Straßenreinigung mal wieder den Dreck der letzten 24 Stunden beseitigen wollte. Natürlich gab es Stellplätze im Parkhaus, aber die kosteten genauso viel wie eine Wohnung, sprich: Sie waren unbezahlbar. Außerdem war ein eigenes Auto in New York überflüssig. Das U-Bahn-Netz erstreckte sich mit 468 Stationen über die ganze Stadt und die Züge fuhren rund um die Uhr. Die Yellow Cabs auch. Und davon gab es über 14 000 in der Stadt, hauptsächlich in Manhattan. Deshalb waren Staus hier gelb, denn außer Cabs sah man kaum andere Fahrzeuge.

Mir war noch immer ein Rätsel, warum diese vielen Taxis grundsätzlich besetzt waren. Immer wenn man gerade dringend eines brauchte. Dann stand man am Straßenrand, wedelte verzweifelt mit dem rechten Arm und schrie: „Taxiiii!" Und die vielen Taxis rauschten ignorant vorbei. Entweder waren sie „Off Duty", also nicht im Dienst, oder es saß schon jemand drin. Das erkannte man schon aus der Ferne, weil das kleine Licht auf dem Dach nicht leuchtete. Dann konnte man sich seine Lungenkräfte gleich sparen. Das Taxi war besetzt. Echte New Yorker wissen das und schweigen mit Würde, während Touristen laut weiterschreien. Und wenn man dann endlich nach zehn Minuten einen Hoffnungsschimmer auf sich zufahren sah, half nur Beten. Meistens passierte Folgendes: Das Taxi war nur noch einen kurzen Block entfernt, plötzlich stürzte jemand aus dem Nichts auf die Straße und schnappte es einem vor der Nase weg. Ein Klassiker. Taxistände gibt es übrigens keine, und Anrufen geht auch nicht. Ja, und wenn's regnete, dann blieb man am besten gleich zuhause. Im Regen ein Taxi zu erwischen war ungefähr genauso wahrscheinlich wie ein Sechser im Lotto.

Und wenn dann tatsächlich ein gelber Schlitten anhält, bitte nicht zu früh freuen. „Williamsburg, please."

„Nee, nach Brooklyn fahr ich heut nicht mehr, meine Schicht ist gleich zu Ende." Scheibe hoch, weg ist er. Manche antworten erst gar nicht. Schütteln nur mit dem Kopf und geben wieder Gas. Von wegen die Schicht ist gleich zu Ende. Die Cabbies haben ganz einfach keine Lust auf Brooklyn, weil man möglicherweise ohne Fahrgast rumkurvt, bis man wieder in Manhattan ist. Dafür hatte ich sogar ein klein wenig Verständnis, aber schließlich war das ihr Job. Und einen Fahrgast abzulehnen ist eigentlich nicht erlaubt. Vorschriften dieser Art funktionieren natürlich nur in der Theorie. In der Praxis sind den Taxifahrern Regeln ziemlich egal. Wenn man dann endlich in einem Taxi sitzt, geht das Abenteuer weiter.

91 Prozent der 44 000 Taxifahrer kommen aus aller Herren Länder, nur nicht aus Amerika. Immigranten aus Pakistan, Ghana und Polen. Verständigungsprobleme sind vorprogrammiert.

Natürlich gab es auch jede Menge Fahrer mit Hochschulabschluss. Der Professor aus dem Irak zum Beispiel, der mir auf der Fahrt von Midtown nach Brooklyn die politische Lage seines Heimatlandes besser erläutern könnte als jede amerikanische Tageszeitung. Und die Inder, in deren Radio grundsätzlich der Nachrichtensender BBC lief, waren informierter als die meisten Fahrgäste. Das waren die lehrreichen Fahrten.

Dann gab es die Sikhs, die mit ihren Turbanen am Steuer saßen, unter denen sich Ohrstöpsel versteckten. „Entschuldigen Sie, was haben Sie gesagt?", fragte ich zwei Mal. Keine Antwort. Es dauerte eine Weile, bis ich begriff, dass das monotone Säuseln da vorne nicht mir galt, sondern einem Familienangehörigen, der viele Tausend Kilometer entfernt am Telefon saß. Dann gab es Taxis, in die man einstieg und am liebsten sofort wieder ausgestiegen wäre. Offensichtlich hatte der Fahrer gerade ein schwer gewürztes, exotisches Mittagessen zu sich genommen. Sofort das Fenster runter.

Ja, und die irren Taxifahrer, die gab es auch. Die, die mit einem Affenzahn beschleunigten, nur um an der nächsten Ampel wieder ruckartig in die Bremsen zu springen. Meine Hand krallte sich an den Griff, während mich die Geschwindigkeit wie in einem Karussell in die Rücklehne drückte.

Nicht, dass ich in diesem Verkehrsdschungel meine Nerven behalten hätte. Jeden Tag zwölf Stunden auf den verstopften Straßen New Yorks, ehrlich gesagt, wer würde da nicht seinen Verstand verlieren.

In der U-Bahn blieb einem dieser Nervenkitzel erspart. Dachte ich. Dann begegnete ich dem ersten „Madman", wie man die Wahnsinnigen hier nannte. Der Zug fuhr in die Station, und ich wunderte mich, dass alle Abteile zum Bersten voll waren bis auf das, das vor mir hielt. Ich stieg ein, die Tür schloss sich, und schon hörte ich die wütenden Schimpftiraden, die ein Mann durchs Abteil brüllte. Die wenigen Passagiere im Zug schauten betroffen zu Boden. Jedes zweite Wort war „Fuck". Die Worte dazwischen waren ein undeutlicher Aggressions-Brei. In der nächsten Station eingetroffen, stand der Mann schon in der Tür, als er sich noch mal umdrehte, ein letztes Mal „Fuck" schrie und mit voller Wucht gegen das Fenster schlug. Ich hielt die Luft an. Das Sicherheitsglas zersplitterte in tausend Teile, aber brach nicht. Wir atmeten alle zusammen erleichtert auf.

Einer dieser Menschen, die aus den Fugen geraten waren. Kollateralschäden einer Metropole, in der sich das Leben immer auf der „Fast Lane", der Überholspur, befand. Man begegnete ihnen eigentlich erstaunlich selten, aber man begegnete ihnen. Menschen, die aus eben dieser Spur gerutscht und auf der Strecke geblieben waren. Die dem Druck eines gewöhnlichen Lebens nicht mehr standhielten. Keine Energie mehr hatten, um sich für die Gesellschaft zusammenzureißen, und dann irgendwann einfach explodierten oder stillschweigend in das Schattendasein der Obdachlosigkeit abdrifteten. Das Gute war: Auch diese Menschen hatten ihren Platz im New Yorker Potpourri. Sie gehörten dazu.

Der verwitterte Musiker mit dem langen dünnen grauen Haar zum Beispiel, der sich in der F-Train-Station 14. Straße tagtäglich mit geschlossenen Augen in die Vergangenheit rockte. Voller Leidenschaft umklammerte der dürre alte Mann die Gitarre und sang krächzend seine Songs. Aus einer Zeit, in der er noch Träume hatte. Der hetzende Feierabendstrom war kein dankbares Publikum, aber wenn der Rocker mal nicht da war, fehlte etwas.

Die New Yorker U-Bahn war Oper fürs Volk und hatte ihren ganz eigenen Soundtrack. Fast in jeder Station spielten Musiker für die täglich fünf Millionen Fahrgäste. Ein multikulturelles Ensemble: Volksmusik aus Ecuador, Violine aus China, Popmusik aus Amerika. Und sie schafften es immer wieder, noch kurz bevor sich die Tür schloss, ein Lächeln oder eine Gänsehaut mit auf den Weg zu geben.

Am Union Square beispielsweise hatte sich ein junger Musiker in die Herzen seiner Zuhörer getrommelt. Auf Eimern. Mittlerweile ist er der Star im Untergrund. Jedes Mal, wenn ich dort auf meinen Zug wartete, war er von Fans umringt. Ihre Körper wippten im Takt, Daumen schnippten, die Gesichter lachten. Stress und Sorgen lösten sich in rauschenden Applaus auf.

In der U-Bahn kam man den New Yorkern näher als sonst wo. Hier überschnitten sich die Lebenswege aller und bewegten sich manchmal ganz willkürlich für ein paar Stationen auf der gleichen Spur. Seit über hundert Jahren kommen die Bewohner dieser Stadt auf 722 Meilen langen U-Bahn-Schienen ans Ziel. Auf dem Weg zur Arbeit oder ins Kino. Mit Shoppingtüten im Arm, Schoßhunden oder Kindern. Hier unten halten alle für ein paar Minuten inne, versinken in ihre eigene Gedankenwelt, in Bücher oder Gespräche, bevor es sie wieder an die Oberfläche treibt und das hektische Leben sie weiterreißt.

Zurück zum Fahrrad. Ich wäre wahrscheinlich nie von selbst auf die Idee gekommen, mir eins zu kaufen. Aber

Valerie radelte mir täglich einen vor. Statt sich mit Tüten abzuschleppen, erledigte sie ihre Einkäufe entspannt mit dem Fahrrad, die Lebensmittel vorne im Korb. Während ich bei jeder Verabredung erst mal überlegte, wie, wo, welche U-Bahn, konnte Valerie völlig unabhängig losfahren. Natürlich mussten Radfahrer aus Brooklyn zunächst den East River überqueren, wenn sie nach Manhattan wollten. Aber man konnte die Drahtesel unkompliziert mit in den L-Train nehmen oder einfach über die Williamsburg Bridge fahren, die nur ein paar Blöcke von unserem Haus entfernt lag. „Ein Fahrrad in New York ist super praktisch. In dem Verkehrsgewimmel in Manhattan muss man halt ein bisschen aufpassen, aber ich war noch nie in einen Unfall verwickelt", sagte Valerie. „Wenn du auch eins hättest, könnten wir mal ne schöne Radtour machen." Überredet.

So stand ich eines Sonntags auf dem Flohmarkt an der 6th Avenue und verliebte mich in eines dieser typisch amerikanischen nostalgischen Cruiser mit dem geschwungenen Rahmen, den plumpen Reifen und dem weit gespreizten Lenker. Ein älteres Model in Ozeanblau. „Sie brauchen sicher auch ein Schloss?", fragte der Mann und zeigte auf eine Reihe riesiger schwerer Gliederketten aus Stahl, die hinter ihm am Zaun hingen. Ich zögerte. „Wenn Sie keines haben, brauchen Sie ganz sicher eins, sonst ist das Fahrrad morgen weg, das verspreche ich Ihnen", insistierte er. „Ja, aber ich glaube, diese wuchtige Kette da ist wirklich nicht notwendig, ich kaufe mir irgendwo ein normales Schloss", sagte ich. Der Mann sah mich ungläubig an und fing laut an zu lachen. „Ein normales Schloss? Das können Sie in New York gleich vergessen. Dann müssen Sie sich erst gar nicht die Mühe machen, ihr Rad abzuschließen. Hier funktionieren nur Kryptonites", beharrte er. „Krypto was?", fragte ich. – „Sie kaufen wohl das erste Mal ein Fahrrad?"

Ja, in New York tatsächlich, mein erstes Fahrrad. Ich ließ mich dann doch überzeugen und war kurz darauf stolze Besitzerin eines Fahrrades im Wert von 90 Dollar und eines zwei Kilo schweren Schlosses von Kryptonite im Wert von 110 Dollar. „Und vergessen Sie nicht, immer schön Ihr Hinterrad mit anschließen!", rief mir der Mann hinterher.

„Ich weiß, es tut weh, fürs Schloss mehr auszugeben als fürs Fahrrad, aber alles andere wäre pure Dummheit. Jeder intelligente New Yorker Fahrradfahrer besitzt ein Kryptonite", bestätigte mir Valerie am Abend meine Investition. Das Modell, das ich mir gekauft hatte, hieß passenderweise „New York". Kryptonite hatte die Ketten hier schon in den Siebzigern gegen Diebstahl getestet. Offensichtlich mit Erfolg.

Geklaut wird natürlich noch immer wie am laufenden Band. Nicht die sicher angeketteten Rahmen, aber alles, was man abschrauben und -hebeln kann. Ganz nach den Regeln der selektiven Wahrnehmung sah ich auf meinem Heimweg etliche Fahrräder, die sich um die Lampenpfosten und sonst jeden zur Verfügung stehenden Pol pferchten. Angekettet mit Kryptonites. Und: An jedem dritten Rad fehlte etwas. Mal der Sattel. Mal der Vorderreifen. Oder der Hinterreifen. Oder beide. Gelegentlich auch mal ein Lenker. Bei einigen Fahrrädern blieb nur noch der angekettete verstümmelte, meist schon rostige Rumpf zurück. Ein trauriger Anblick.

Aufrecht cruiste ich durch Manhattan, das schwere Kryptonite wie ein Gürtel um die Hüfte geschlungen. Ein weiterer Tipp meines netten Verkäufers. Die Cruiser waren besonders populär in den Sechzigern und Siebzigern im sonnigen Kalifornien. Mit den breiten Reifen ließ sich prima über die Strände heizen. Die robuste Bereifung kam allerdings auch in New York sehr gelegen. Zum Teil sahen die Straßen aus wie zerbombte Schlachtfelder. Auf der South 3rd Street zum Beispiel hatte sich vor etwa drei Wochen ein Krater aufgetan, der den orangefarbenen Warnzylinder komplett verschluckte. Nicht einmal die Spitze war zu sehen. Auch in Manhattan wurden ständig neu geteert, gestopft und ausgebessert. Die Straßen sahen aus wie Flickenteppiche, die an irgendeiner Stelle immer wieder aufrissen.

Ich fuhr durch Straßen, die ich noch nie zuvor gesehen hatte. Zu Fuß hatte ich immer nur den Radius um die U-Bahn-Stationen erfasst. Alle weiteren Distanzen legte ich unterirdisch zurück. Ein ganz neues Terrain erschloss sich mir oberhalb der U-Bahn-Linien.

Zugegeben, auf einigen Straßen bestand nicht die Möglichkeit, die Aufmerksamkeit auch nur eine Sekunde vom Verkehr abschweifen zu lassen. Ohne weiteres wäre man umgehend von einem Auto angefahren worden. Besonders auf den Avenues war der konzentrierte Blick auf die Straße überlebensnotwendig. Ich fuhr auf der 6th Avenue, Richtung Midtown, und hatte nur noch Autos vor Augen. Die vierspurige Einbahnstraße war ein Albtraum. Und das, obwohl es sogar einen Radweg gab. Auf dem standen allerdings in regelmäßigen Abständen parkende Autos. Und die Taxis wichen gerne ruckartig auf die Radspur aus, um hupend am stockenden Verkehr vorbeizuzischen. Das Hupen galt mir, wie ich erstaunt und etwas erschrocken feststellte, als mir ein Taxifahrer wütend seine Faust entgegenwirbelte. Gott sei Dank hinter verschlossenem Fenster. Dabei war ich nur einem anderen Taxi ausgewichen, das gerade einen Fahrgast entlud. Was sollte ich tun? Auf den überfüllten Bürgersteig ausweichen?

„Falls Sie Fahrrad fahren, seien Sie bloß vorsichtig und hüten Sie sich vor Taxifahrern. Die hassen Radfahrer", hatte mich mal ein netter persischer Fahrer im Taxi gewarnt. Jetzt wusste ich, wovon er sprach.

Als radelnder Verkehrsteilnehmer hatte man plötzlich lauter Feinde. Die Taxifahrer waren sauer, weil man ihnen zu langsam fuhr. Die Fußgänger waren genervt, wenn man nicht jedesmal eine Vollbremsung einlegte, wenn sie noch schnell über die schon rote Ampel huschten. Und die Busfahrer hupten erbost, wenn man links an ihnen vorbeizog, während sie sich unerwartet von der Haltestalle wieder in den Verkehr einfädelten.

So langsam stieg auch mein Adrenalinspiegel. Ich fing an, lauthals auf die auf dem Fahrradweg parkenden Autos zu schimpfen, und schlug einem Taxi wütend an die Flanke, weil es keinen Millimeter Abstand hielt. Rechts neben mir zischte ein Fahrradkurier vorbei, der sich durch die fahrende Masse schlängelte, als hätte er außer Zeit nichts zu verlieren. An sein Leben dachte er offensichtlich nicht.

Alle Überlebensmechanismen, die ich mir in den letzten Monaten als Fußgänger angeeignet hatte, waren plötzlich nutzlos. Hier waren andere Geschicklichkeiten gefragt. Ständig radelte ich aus Versehen dem wild hupenden Verkehr in den Einbahnstraßen entgegen, und dann fuhr ich auch noch mitten in das Verkehrs-Chaos am Times Square. Hier brodelte der Kessel endgültig über. Rad-Regel Nummer eins: Midtown weiträumig meiden. Regel Nummer zwei: Immer nur in die Einbahnstraßenfahrtrichtung radeln. Regel Nummer drei: Beschimpfungen und Versuche, über den Haufen gefahren zu werden, nicht persönlich nehmen. Als ich wieder auf den gemütlichen Querstraßen im schönen Chelsea gelandet war, fing ich an, die neue mobile Freiheit zu genießen. Um mich herum niedliche Brownstones. Am

Straßenrand leuchtend grüne Bäume. Menschen, die auf ihren Treppenaufgängen saßen und die New York Times lasen.

Von der Freiluft-Mobilität beflügelt, radelte ich kreuz und quer. Von Chelsea in den Meatpacking District, wo mich das Kopfsteinpflaster kräftig durchschüttelte. Von dort ins West Village, wo ich an der langen Schlange kuchenhungriger Menschen vor der berüchtigten Magnolia-Bakery vorbeiradelte. Richtung Osten nach SoHo, wo ich mit Tüten beladenen Shoppingtouristen ausweichen musste. Ins East Village, wo ich lauter schnuckelige öffentliche Gärten entdeckte. Kleine grüne, von den Nachbarn gepflegte Oasen, die zwischen den Häuserzeilen wucherten. Weiter in die südliche Lower East Side, wo mich die Williamsburg Bridge direkt nachhause führte.

Am darauf folgenden Samstag setzen wir die Radtour in die Tat um. Ich saß auf meinem blauen Cruiser. Neben mir fuhren Valerie auf ihrer rosaroten Möhre und Jonathan auf einem schwarzen Klapprad. Die Sonne strahlte mit unseren Frühlingsgefühlen um die Wette und war so warm, dass man eigentlich Sommergefühle hätte haben müssen. Der Winter war überstanden.

„Wisst ihr, dass die Bedford Avenue die längste Straße in Brooklyn ist, 10,2 Meilen und 132 Blöcke lang?", sagte Jonathan. Valerie war auf die Idee gekommen, die Bedford von Anfang bis Ende zu fahren. Und wieder zurück.

Das Stück Bedford Avenue, das zu unserem Alltag gehörte, war die Hauptstraße der Williamsburger Hipster-Szene mit all den kleinen Boutiquen, Bio- und Buchläden, auf der ich jeden morgen zur U-Bahn lief. Sie entsprang etwas oberhalb von Williamsburg an der Manhattan Avenue in Greenpoint. Dort wo Noelle und viele Polen wohnten.

Und endete laut Valerie am Strand, in der Bucht „Sheepshead Bay". „Du glaubst also wirklich, dass wir tatsächlich
am Strand landen, wenn wir einfach nur die Bedford Avenue Richtung Süden fahren?", fragte ich skeptisch. „Das
kann ich mir gar nicht vorstellen."

„Ich glaub das nicht, ich weiß es. Vergiss nicht, deine
Badesachen einzupacken." Das meinte sie ernst.

Da wir in Williamsburg wohnten, übersprangen wir den
polnischen Abschnitt Greenpoint, bogen gleich rechts auf
die Bedford ab und radelten Richtung Süden. „Mach dich
auf eine kleine Reise durch New Yorks ethnische Vielfalt ge-
fasst", sagte Valerie. Bevor wir die Williamsburg Bridge er-
reichten, radelten wir an etlichen Bodegas vorbei, die sich
an jede Straßenecke klammerten. Davor saßen mindestens
zwei Puerto Ricaner, zum Teil ganze Familien. Aus den Ge-
schäften dröhnte laut Salsa-Musik, die uns bis zur Brücke
begleitete. Kaum hatten wir diese unterquert, waren sowohl
die Hipster als auch die Puerto Ricaner verschwunden.

Es wurde still. Mini-Vans parkten dicht an dicht am Straßenrand. Orthodoxe jüdische Männer liefen in Grüppchen
über den Bürgersteig. Schweigend, in ihrer üblichen alt-
modischen Einheits-Uniform. Schwarze, bodenlange Män-
tel, Schläfenlöckchen, Hüte. Die Frauen schoben Kinderwagen vor sich her und folgten mit Abstand. Es war Sabbat,
und sie kamen gerade aus der Synagoge, an der wir vorbei-
fuhren.

„Wusstest du, dass die orthodoxen Juden während des
Sabbats nicht arbeiten dürfen und dass sogar das Anknip-
sen von Elektrizität verboten ist? Deshalb haben viele Fa-
milien Zeitschalter, die automatisch die Heizung oder das
Licht einschalten", flüsterte Jonathan mir zu. „Selbst die
Aufzüge können nicht benutzt werden, weil man keine
Knöpfe drücken darf. Und Autofahren geht natürlich auch

nicht." Aha, deshalb war es hier so friedlich still. „Was du immer für Geschichten auf Lager hast", schmunzelte Valerie. „Ich bin halt daran interessiert, was in unserer Gemeinde Williamsburg los ist." Wir fuhren an einfältigen Mietshäusern mit vergitterten Fenstern und Balkonen vorbei, auf denen einsam riesige bunte Plastikspielzeuge abgestellt waren.

Wir radelten weiter. Ließen die jüdische Gemeinde und Williamsburg hinter uns und fuhren über die Flushing Avenue. Dahinter wartete eine komplett andere Welt auf uns. Lauter und bunter. „Bedford Stuyvesant ist das Harlem von Brooklyn, hier lebt eine der größten afroamerikanischen Communities und auch viele Farbige aus der Karibik", rief Jonathan über seine Schulter. Rastafari-Läden, Dominikanische Soul Food Imbisse, Barber Stores, bunte Menschen. Hunde bellten, üppige Mütter blökten ihre Kinder an, und ein paar farbige Jungs in Hoodies und Baseballkappen spielten laut jubelnd Basketball. Der Sound der Straße war eine Fusion aus Englisch, Spanisch und Hip-Hop-Klängen. „Hier sind übrigens lauter Promi-Rapper wie Lil' Kim, Notorious B.I.G. und Jay-Z aufgewachsen. Und auch der Schauspieler Chris Rock", erzählte Val.

„Früher wollte hier keiner wohnen, weil es ständig Schießereien, Überfälle und massig Drogendealer gab. Davon sieht man heute nicht mehr viel", sagte Val. Aber die Armut hatte ihre Spuren hinterlassen. Teilweise waren die Hauseingänge mit Sperrholz vernagelt. Neben frisch renovierten Häusern klafften leerstehende, zugemüllte Grundstücke. Parkplätze waren mit Stacheldraht gesichert. Bauten, deren einstige Pracht man noch erahnen konnte, waren so verfallen, dass sie dem Abriss ganz sicher nicht mehr entkommen würden. Eine leere Plastiktüte wehte mir zwischen die Speichen, ich musste anhalten und war sofort vom Fast-Food-Geruch eines Fried-Chicken-Imbisses umgeben.

Und schon überquerten wir die nächste Kulturgrenze: Atlantic Avenue. Dahinter begann Crown Hights. „Ende des 19. Jahrhunderts war die Gegend bei der Bourgeoisie New Yorks besonders beliebt, deshalb stehen in den Seitenstraßen überall die alten schönen Brownstones. Hier wohnten bis zum Zweiten Weltkrieg nur reiche Leute", so Valerie. Dann folgte wie überall die Stadtflucht, die Immobilienpreise stürzten ab, die Weißen zogen weg. Farbige, Hispanics und jüdische Immigranten aus Osteuropa füllten die Lücke. „Ich habe noch nie so viele Kirchen, Schulen, Werkstätten und Tankstellen auf ein und derselben Straße gesehen", bemerkte ich laut. An der nächsten Kreuzung ragte ein riesiger Sozialbau-Kasten aus beigefarbenem Klinker in die Höhe. Ganz im Kontrast zu den schönen alten Stadthäusern, die die Seitenstraßen schmückten. Weiter südlich konnten wir Richtung Westen sogar die Baumwipfel des Prospect Parks sehen, der nur zwei Blöcke entfernt war. Die grüne Oase ist das Brooklyner Pendant zum Central Park und wurde Ende des 19. Jahrhunderts von denselben Designern kreiert, nachdem sie ihr Werk in Manhattan vollendet hatten.

Wir radelten und radelten. Es wurde immer hübscher. Wir fuhren durch die Viertel Prospect-Lefferts Gardens. „Diese kleinen Grundstücke mit den süßen zweistöckigen Häusern haben wir einem Holländer zu verdanken, der Lefferts hieß. Er unterteilte sein Grundstück und bestand darauf, dass auf jeder Parzelle ein großzügiges Einfamilienhaus mit Garten entstand", erzählte Jonathan. „Die sehen tatsächlich sehr holländisch aus", sagte ich. Es folgten historische Reihenhäuser im viktorianischen Zuckerbäckerstil mit weiß gesäulten Eingängen.

„Wow, was ist denn das für ein wunderschöner Campus?", fragte ich. Die Bedford schnitt mitten durch ein Uni-Gelände. In dem Park vorm Hauptgebäude saßen jede Menge Studenten. Hinter ihnen ragte eine Bücherei mit einem imposanten Turm und weißer Kuppel in den blauen Himmel. „Das ist das Brooklyn College", rief Val.

Die Gegend verlor an Farbe, dunkelhäutige Menschen waren kaum noch zu sehen. Die Bedford Avenue war plötzlich von Bäumen gesäumt, die Bürgersteige von Rasen eingerahmt. Auf beiden Seiten Einfamilienhäuser mit manikürten Vorgärten, fein säuberlich gestutzten Hecken und glänzenden Familienkutschen in der Einfahrt. Es parkte absolut niemand mehr auf dem Fahrradweg. Vorort-Idylle. Aus verschiedenen Epochen und Materialien. Verklinkert, verputzt, mit Türmchen und Säulen oder ohne. Die grellen Bodegas, Fast-Food-Imbisse, karibischen Schönheitssalons, Mülltütenberge auf dem Bürgersteig und auch die Graffitis an den Fassaden waren von der Bildfläche verschwunden. In Midwood lebte der weiße Mittelstand. Genau so hatte ich mir die sauberen Vorzeige-„Suburbs" Amerikas vorgestellt. Eine Einheitlichkeit, die für New York sehr ungewöhnlich war.

„Woody Allen ist hier zur High School gegangen, in dem alten Gebäude mit den riesigen weißen Säulen, an dem wir gerade vorbeigeradelt sind. Kein Wunder, dass er Manhattan so romantisiert hat", sagte Val, „Midwood ist ja noch spießiger und langweiliger als Massachusetts."

Es wurde kleinstädtischer, und die Häuser rückten wieder zusammen. Altmodische zweigeschossige Reihenhäuser aus rotem Klinker, auf deren Veranden pinkfarbene Geranien leuchteten. Und dann tatsächlich. Am Horizont tauchten wie aus dem Nichts Schiffsmasten auf. Das Meer! Zumindest die Bucht. „Willkommen in Sheepshead Bay an der Atlantikküste!", jubelte Valerie. Über uns kreischten die Möwen. Von salziger Seeluft beseelt, rasten wir die Promenade entlang bis zum Strand, schmissen unsere Räder in den Sand und liefen zum Wasser. Schuhe aus, Beine rein. „Woah, kaaaalt!", schrie ich und musste tief Luft holen, so eisig war das Wasser.

„Ich habe Hunger!", rief Jonathan. „Ich auch!", stimmten Valerie und ich wie aus einem Mund zu. Nach drei Stunden im Sattel kein Wunder. An der Promenade hatten wir die Wahl, jede Nationalität war im Angebot, wie die Namen schon ankündigten: Mambo Sushi, Thai Café, Istanbul, Olymp, New York Steak House oder China Star. Wir entschieden uns für ein griechisches Restaurant, direkt am Wasser. Um uns herum Tische mit Großfamilien – Oma, Mama, Papa, die Kinder, alle dabei, und alle sprachen griechisch. Wir bestellten einen riesigen griechischen Salat, mit Reis gefüllte Weinblätter und viel Tsatsiki mit Fladenbrot. Dazu Corona-Bier, aus Mexiko. „Der ethnische Mix macht's", prostete Jonathan uns zu. „Auf New Yorks Vielfalt", hob Valerie ihren Plastikbecher. „Dass hier wieder alles auf Einweggeschirr serviert wird, finde ich ziemlich daneben", warf ich kleinlaut ein. Das konnte ich mir einfach nicht verkneifen. „Also ihr Deutschen könnt euch wirklich nicht entspannen", sagte Jonathan. Er grinste dabei, aber ich war einen Moment lang beleidigt. Das hatte abfällig geklungen. „Auf die Umwelt-Nazis!", rief er. Ich schluckte. Das Wort traf mich noch immer. „Sei doch nicht so empfindlich. Wir sagen hier ständig zu allem Nazi. Du kennst doch sicher den Suppen-Nazi aus der Kultserie „Seinfeld", oder? Wenn's sogar im Fernsehen läuft, müsste der Begriff doch eigentlich politisch korrekt sein", rechtfertigte sich Jonathan. Zugegeben, uns Deutschen fehlte in Hinsicht Selbstironie wirklich jeglicher Sinn für Humor. Da konnte ich von den Amerikanern auf jeden Fall noch was lernen. „Na dann, auf uns Umwelt-Nazis!", gab ich nach und trank einen großen Schluck Bier.

Auf dem Rückweg musste ich an einer Ampel einem Auto waghalsig den Weg abschneiden, damit mir Val und Jonathan nicht davonradelten. Der Fahrer des Wagens mit New Jerseyer Kennzeichen war außer sich: „Typisch New Yorker, ihr denkt wohl, dass ihr immer Vorfahrt habt!" Erst wollte ich zurückmaulen. Nein, dachte ich plötzlich. Typisch New Yorker, diesem Vorwurf konnte ich mit Würde entgegengrinsen. Danke, für das Kompliment! Aber fühlte ich mich denn überhaupt wie einer? Wann durfte man sich selbst für einen „New Yorker" halten? Die Antwort des bekannten amerikanischen Schriftstellers Thomas Wolfe war: „Zu New York gehört man auf der Stelle, egal ob man erst seit fünf Minuten oder schon seit fünf Jahren hier ist." Stimmte das? Mitten hinein in diese Überlegung platzte ein Gefühl der Zerrissenheit. Die Heimat wurde fremder, die Fremde vertrauter. Das eine ging nicht ohne das andere. Die schleichende Verlagerung der eigenen Wurzeln war nicht aufzuhalten. Irgendwann musste man sich entscheiden.

Juni

BEVOR ICH MICH MIT DER ANTWORT auf diese Zukunftsfrage weiter befassen konnte, kam erst mal ein Stück Heimat nach New York geflogen. Meine Freundin Maren. Ich freute mich riesig.

Wir saßen oben auf unserem Dach. Denn als Allererstes wollte ich ihr natürlich meinen ganzen Stolz zeigen: die Aussicht. „Und, hast du das Gefühl, dass du dich hier verändert hast?", fragte sie mich, während wir mit einem Glas Sekt in der Hand über den East River hinweg auf Manhattan blickten.

Erst war ich fast ein bisschen empört. „Nein, natürlich nicht. Warum sollte ich mich verändert haben?" Dann dachte ich, warum denn eigentlich nicht. Was wäre so schlimm daran? Warum hatten wir Deutschen immer Angst, uns zu verändern? Ging das überhaupt, in einer Stadt wie New York, die sich selbst im ständigen Wandel befand? „Mit einer Geschwindigkeit, die es New York unmöglich macht, mit sich selbst Schritt zu halten", wie der Literat E. B. White schon vor vielen Jahrzehnten beobachtete. Zogen nicht gerade deshalb so viele hierher? Weil sie hofften, sich zu ändern?

Aber Veränderung stellte sich in den unterschiedlichsten Ausführungen ein. Manche waren wünschenswert, manche eher nicht. Ich hoffte, nie so überheblich zu prahlen wie mein deutscher Bekannter Martin. Er betonte bei jeder Gelegenheit, dass er nie wieder in Hamburg leben könnte, weil dort alles so entsetzlich klein und unerträglich provinziell sei. Ja, eigentlich gebe es nach New York sowieso keine andere lebenswerte Stadt mehr. Er wohnte erst seit drei Jahren hier und sprach kategorisch Englisch. Auch mit mir. Ich antwortete jedes Mal stur auf Deutsch. So ging es bilingual hin und her. Ein verbales Pingpongspiel und keiner gab nach. War das Bedürfnis, sein altes Leben durch ein Neues auszutauschen, eine zwangsläufige Begleiterscheinung?

Natürlich befand auch ich mich unter anderem hier, um Englisch und nicht Deutsch zu sprechen. Aber nicht mit Deutschen. Ich wollte meine Muttersprache nicht zwanghaft abstreifen. Nur weil ich in Amerika lebte.

Zugegeben: Mir rutschte nach acht Monaten selbst gelegentlich ein englisches Wort in die deutschen Gespräche. „Willst du mit zum Dinner kommen?" war so ein Satz. Offensichtlich war das kein Versuch, mit meinen Englischkenntnissen zu protzen. Aber während Deutsche in New York mit Vorliebe „verdenglischen", reagieren Deutsche in Deutschland manchmal sehr empfindlich auf Anglizismen: „Lern du mal wieder richtig Deutsch", war eine Standardreaktion.

Ich war auf jeden Fall sehr erleichtert, endlich wieder einen ganzen Abend und die darauf folgenden vierzehn Tage Deutsch sprechen zu können. Nicht übersetzen zu müssen, was ich dachte und fühlte. Alles auszusprechen, was ich zu sagen hatte. Statt die Hälfte für mich zu behalten, weil die Übersetzung einfach zu mühsam war, wenn jede fünfte Vokabel fehlte. Wieder Gespräche ohne verbale Verrenkungen zu führen war sehr erholsam.

Maren und ich erzählten und erzählten, füllten die Alltagslücken, die sich in den letzten Monaten in unsere Freundschaft geschlichen hatten. Wir lachten. Und ich war froh, dass auch mal wieder jemand meine Scherze verstand. Im Übersetzungsstress ging mein Humor leider oft flöten. Das war auf Dauer gar nicht lustig.

Wir ließen im Hintergrund die Sonne untergehen, beobachteten, wie sie den Himmel über Manhattan in kitschige Töne tauchte. Das Licht in New York ist schwer zu beschreiben. Es war ganz anders als in Deutschland. Klar, warm und verheißungsvoll. Vielleicht, weil die Stadt auf demselben Breitengrad wie Neapel lag. Oder war der Smog die einfache, wenn auch unpoetische Erklärung für die romantische Sonnenuntergangsstimmung?

Jeden Morgen wachten wir mit einem strahlend blauen Himmel auf. Maren war sehr froh darüber. Ich auch. Schließlich hatte ich am Telefon ständig vom fabelhaften Wetter geschwärmt und schon befürchtet, dass der Vorführeffekt zu plötzlichen Wolkenbrüchen führen könnte. In den letzten acht Monaten hatte es wirklich kaum geregnet. Und wenn, dann schien am nächsten Tag gleich wieder die Sonne. Für vom Schietwetter geplagte Hamburger war New York ein echtes Sonnenparadies.

Mit dreihundert Sonnentagen wurde aus dem sonst so unberechenbaren Wetter eine verlässliche Konstante. Für mich noch immer ein ungewohnter Luxus. Wenn meine Mama sich am Telefon mal wieder das dritte Wochenende in Folge über Kaltwetterfronten und schier endlosen Regen beklagte und dann fragte: „Und, wie ist es bei euch?", hatte ich fast ein schlechtes Gewissen. Denn die Antwort war wie immer: „Wunderschön, strahlend blauer Himmel, Sonnenschein."

In den darauf folgenden Tagen schleppte ich Maren kreuz und quer durch die ganze Stadt und komprimierte für sie das New York, das ich in den letzten Monaten entdeckt hatte. Ich bebilderte meinen Alltag, den ich schon seit Monaten versuchte hatte, am Telefon in Worte zu fassen, wollte, dass sie genauso begeistert war wie ich.

Ich zeigte ihr, in welchem Café ich morgens am liebsten meinen Latte trank, bei welchem Yogalehrer man am meisten schwitzte, wo es den besten Long Island Ice Tea, das schönste Jazz-Konzert und den wunderbarsten Ausblick gab.

Wir drängelten uns in Chinatown durch menschenverstopfte, wuselige Straßen, hörten und sahen eine ganze Stunde lang kein einziges englisches Wort. Hier befand sich die größte Ansiedlung von Chinesen außerhalb Asiens. Geschätzte 350 000, davon viele illegale Immigranten, hausten hier auf engstem Raum in den Mietskasernen der Jahrhundertwende. Das eigentliche Leben fand auf der Straße statt: In den Fenstern brutzelten aufgespießte, braun gebrannte Hühnchen, Obst und Gemüse stapelten sich auf den Bürgersteigen, und in der Luft hing ein wilder Aromenmix aus Fisch, Ingwer, getrockneten Kräutern und Lebensmitteln, deren Identität wir nicht mal erraten konnten. Auf dem Chinatown Plaza saß eine Gruppe chinesischer Frauen in der Sonne und meditierte im Schneidersitz, die Männer machten Tai-Chi. Bei „Pearl River" stöberten wir stundenlang durch die Regale, kauften kleine Plastik-Buddhas, bunte Papierlaternen und hübsche Reisschälchen. Auf der Canal Street wehrten wir tapfer die Straßenhändler ab, die über uns herfielen, um uns die gefälschten Designer-Handtaschen von Louis Vuitton und Luxusuhren von Cartier anzudrehen.

Wir gönnten unseren erschöpften Füßen für zehn Dollar eine Reflexzonenmassage. Danach hatten wir Hunger. „Lass uns Dim Sum essen gehen", schlug ich vor. Dim Sum ist Brunch auf Chinesisch: Man isst stundenlang lauter kleine Spezialitäten. Vanessa hatte mir schon oft vom „Golden Unicorn" vorgeschwärmt, also machten wir uns auf den Weg.

Die Aufzugtür öffnete sich in die erste Etage, und wir standen in einem riesigen Bankettraum, in dem chinesische Großfamilien an runden Tischen auf Stühlen mit Plastikschonern saßen. Über dem lauten Geplauder hingen kitschige Kronleuchter. Schmucke Dekoration für die vielen chinesischen Hochzeiten, die in den Dim-Sum-Palästen gefeiert wurden. Statt Tageslicht strahlten Neonröhren, da schwere Vorhänge die Fenster blockierten. Die vielen jungen Kellner in roten Uniformen schoben doppelgeschossige Rollwägelchen vor sich her, auf denen sich kleine, runde Bambuskörbchen und Tellerchen stapelten. Wie am Fließband rollten sie ohne Unterlass an den Tischen vorbei. Die Kellner hoben die Deckel, die Gäste stapelten sich gezielt dampfende Frühlingsröllchen, geröstete Entenfüße, frittierte Fischbällchen oder Quallenfilet mit Minzsoße auf ihre Teller. Wir hingegen hockten eingeschüchtert, unfähig, eine Entscheidung zu treffen, mitten in diesem Wirrwarr an Stimmen, Gerüchen und exotischen Speisen und tranken erst mal eine Tasse grünen Tee, die unaufgefordert vom Kellner nachgefüllt wurde. „Vielleicht hätten wir doch besser mit Vanessa hier herkommen sollen. Ohne einen Experten, der einen durch diesen befremdlichen Häppchendschungel navigiert, ist man ganz schön aufgeschmissen", gab ich zu. Ich versuchte unserem Kellner zu erklären, dass ich kein Fleisch aß. „Vegetarian, noooooo", sagte er, hob verständnislos seine Augenbrauen, drehte sich um und flüchtete. Maren begann sich mutig an den vorbeifahrenden Spezialitäten zu bedienen, und auch ich fand unter all den Deckeln ein paar gedünstete Gemüsetaschen, chinesischen Brokkoli und vegetarische Frühlingsrollen.

„Man darf gar nicht daran denken, wie viele chinesische illegale Immigranten hier im Hintergrund schuften", sagte ich zu Maren, während der Kellner anhand unserer leer geputzten Tellerchen eruierte, wie viel wir bezahlen mussten. Neulich hatte ich gelesen, dass die Schmuggel-Mafia von den Flüchtlingen bis zu 70 000 Dollar verlangte. Wenn das Glück auf ihrer Seite stand und sie nach der manchmal hunderttägigen Schiffsreise tatsächlich hier strandeten, kannten sie meist keine Menschenseele, sprachen nicht ein Wort Englisch und wurden umgehend vom illegalen Untergrund Chinatowns verschluckt. Von dort gelangten sie in die Spülküchen, die kleinen Massageläden und Sweatshops, in denen sie für einen Hungerlohn „I love NY"-T-Shirts nähten. Chinatown platzte aus allen Nähten und verleibte sich Haus für Haus das benachbarte Little Italy ein. Aber rund um die Mulburry Street gab es noch einige grün-weiß-rot gefärbte Straßenzüge, in denen sich Touristen tummelten und sich ein italienisches Restaurant an das nächste reihte. Vor der Tür patrouillierten italienische Kellner in billigen Anzügen, die versuchten, uns in die Lokale zu locken, indem sie die fotografierten Pastaspezialitäten der Karte anpriesen. Die Hochsaison in Venedig war harmlos dagegen.

Noch am selben Nachmittag verirrten wir uns im Metropolitan Museum. Liefen orientierungslos durch den imposanten Prachtbau, vorbei am Tempel von Dendur, an Glasvitrinen mit kostbaren Waffen aus dem Mittelalter, griechischen Skulpturen und Meisterwerken von Monet, Rembrandt und Cézanne, auf der Suche nach einer temporären Ausstellung des deutschen Fotografen Thomas Struth. Inmitten von zwei Millionen Ausstellungsstücken war dieses Unterfangen eine Suche nach der Nadel im Heuhaufen.

Als wir eines Tages im East Village am Tompkins Square Park vorbeischlenderten, erzählte ich Maren, dass in dieser Gegend mal „Little Germany" hieß, auch Kleindeutschland genannt. Im Gegensatz zu den anderen, meist mittellosen Immigranten kamen viele Deutsche, die Mitte des 19. Jahrhunderts nach New York auswanderten, aus der Bildungsschicht. Dementsprechend schnell florierte damals die Neighborhood. Es wurden Handwerksbetriebe, Bäckereien und sogar Biergärten eröffnet. „Und dann löschte ein absurdes Seeunglück auf einem Schiff namens ‚General Slocum' Anfang des letzten Jahrhunderts die ganze Gemeinde aus", sagte ich zu Maren, als wir im Lokal „Zum Schneider" saßen. Das Restaurant war einer der letzten Hinweise auf die deutsche Vergangenheit. Ich flüsterte plötzlich, weil ich den Verdacht hatte, dass unsere Nachbarn mithörten. Nicht, dass ich etwas zu verbergen hatte. Aber von Amerikanern umgeben, hatte ich mir angewöhnt, ohne Anstandsfilter draufloszuplappern. In der Annahme, die verstehen uns eh nicht. Eine möglicherweise fatale Fehleinschätzung.

Als die Bedienung uns weißen Spargel mit Salzkartoffeln auf den Tisch stellte und uns auf Deutsch einen „Guten Appetit" wünschte, war das Schiffsunglück auf der „General Slocum" schon vergessen. Weißer Spargel, muss man wissen, war eine kostbare Rarität, die man in New York nur auf den heimischen Speisekarten deutscher Lokale fand.

„Hier war der rechte Arm der Freiheitsstatue, der mit der Fackel, fünf Jahre lang zwischengeparkt und lag einfach am Straßenrand. Bis zur Eröffnung 1886", erzählte ich Maren, als wir zufällig am Madison Square Garden vorbeiliefen. Die Stadt war damals bankrott und hatte kein Geld, den Sockel für die Statue bereitzustellen. Die nötigen 100 000 Dollar wurden letztendlich aus Kleingeldspenden der Bürger zusammengekratzt.

Als wir im Battery Park auf der Bank saßen, Sushi aßen und auf die Freiheitsstatue blickten, fuhr ich fort, erzählte, dass sie ein Geschenk der Franzosen war, dass Eiffel das Skelett baute und eine Frau namens Emma Lazarus die berühmten Worte schrieb, die bis heute nachhallen:

„Gebt mir eure Müden, eure Armen, eure geknechteten Massen, die frei zu atmen begehren, den elenden Unrat eurer gedrängten Küsten: Schickt sie mir, die Heimatlosen, vom Sturme Getriebenen, hoch halt' ich mein Licht am gold'nen Tore."

Maren machte mich im Gegenzug auf die zugemüllten Bürgersteige aufmerksam. Auf den entsetzlichen Lärm, mit dem die U-Bahn am Union Square in die Station einfuhr und den Krach der immerzu jaulenden Kranken- und Feuerwehrwagen. Auf die lauten amerikanischen Mädchen, die im Restaurant kreischend am Nachbartisch saßen. Auf das Leitungswasser, das ganz schlimm nach Chlor schmeckte. Auf die großen Benzinfresser, mit denen sich hier jeder durch die Stadt drängelte, anstatt umweltfreundlichere Modelle wie Golf oder Mini zu fahren. Darauf, dass die in den Gehweg einbetonierten Bäume ein ziemlich tristes Leben führten.

Sie machte mich darauf aufmerksam, dass ich den Abstand verloren hatte. Ich war hin- und hergerissen.

Shoppen gingen wir natürlich auch.

Maren und ich hatten kaum die Tür geöffnet, als die junge blonde Verkäuferin uns entgegenrief: „O my God, deine Stiefel sind soooo cute!" Im nächsten Laden waren es Marens Schuhe, die eine Lawine an Komplimenten auslösten. Dann mein schwarzer, völlig schlichter Mantel. „Denken die Amerikaner, dass Komplimente die Shopping-Hormone in die Höhe treiben?", wunderte sich Maren.

„O wie hübsch, das ist genau Ihr Stil", lächelte eine Verkäuferin, als ich mit einem weißen Kleid aus der Umkleide trat. Da diese mich erst seit einer Minute kannte, glaubte ich lieber meinem mir vertrauten Spiegelbild. In dem Kleid sah ich zweifelsfrei aus wie eine übermüdete Krankenschwester.

In New York beugt sich irgendwann jeder dem kategorischen Imperativ des Kaufens. Die Amerikaner sind Meister der Konsumentenverführung. Irgendwo in New York findet nämlich immer ein Sale statt, saisonale Schlussverkäufe werden auf das ganze Jahr ausgeweitet. Besonders populär sind die Restbestandsverkäufe der lokalen Designer, die zu regelrechten Shopping-Orgien verleiten, die bei mir zu erheblichen finanziellen Schäden führten. Ich begutachtete mich in einer schwarzen Strickjacke vorm Spiegel. Eigentlich brauchte ich keine. Denn ich hatte schon zwei ähnliche Modelle im Schrank hängen. Aber diese hier war schließlich von Marc Jacobs und achtzig Prozent heruntergesetzt. Und schon ergriff eine fremde Macht Besitz von meinem Gehirn, genannt Kaufrausch.

Und wenn mal fünf Tage kein Sale war, versuchten die Geschäfte es mit der „Buy one – get two"-Methode. Der menschliche Verstand wurde vom Instinkt hinterrücks ausgetrickst. Brauchte man tatsächlich zwei Paar neue Turnschuhe? Nein, aber wenn es was umsonst gab, war Zugreifen Pflicht.

Dann nahmen meine Arbeitskolleginnen mich eines Morgens mit zum Sigerson Morrison Sample Sale. Sigerson was? Ich hatte keine Ahnung, wer das war. Man klärte mich auf. Zwei junge New Yorker Schuhdesignerinnen, die so begehrt waren, dass Frauen 700 Dollar für ein paar simple Boots hinblätterten. Oder sich morgens um sieben Uhr zum Verkauf der Restbestände zwei Stunden lang in eine aufgeregte Warteschlange drängten. So wie wir. Die Tür öffnete sich, und eine wilde Horde Frauen stürzte sich auf die Kisten. Man kennt diese Bilder auch aus den deutschen Nachrichten. Jedes Jahr, wenn der Winter- oder Sommerschlussverkauf stattfand, sah man diese Schnäppchenjäger im Fernsehen, die sich bei Karstadt um ein weißes T-Shirt prügelten, weil es auf einen Euro reduziert war.

Doch diese Damen in Stilettos waren eine ganz andere weibliche Spezies: „Fashionista Shopaholics". Frauen, die das Haus nur verließen, wenn die Schuhe farblich abgestimmt zur Handtasche und die wiederum zur Sonnenbrille passte. Deshalb war ich umso erstaunter, dass diese eleganten Ladys wegen eines Paares Schuhe ihre Fassung verloren. Na ja, um fair zu bleiben: Es handelte sich nicht nur um ein, sondern eher um fünf Paar Schuhe. Alle rafften so viele Schuhe zusammen, wie sie tragen konnten.

Als ich aus Versehen eine Sandale hoch hob, die achtlos am Rand lag, pfiff mich jemand hysterisch von hinten an: „Das ist meine!" Ich ließ sie erschrocken fallen.

Dieser Shopping-Wahnsinn war leider ansteckend. Eine Stunde später stand ich an der Kasse. Mit vier Paar Schuhen! Ich hatte Bauchschmerzen. So viele Schuhe hatte ich noch nie an einem Tag gekauft. Nicht mal in einer Saison! „Die Stiefel musst du unbedingt nehmen, die kannst du im Winter zu jedem Kleid tragen. Und die Ballerinas auch, ach sind die süß." Ich wurde von allen Seiten angefeuert. Außerdem hatte ich ja auch irrsinnig viel „gespart". Der Kassenbon wies extra darauf hin. 1200 Dollar weniger als der reguläre Ladenpreis. Mir wurde ganz heiß und ich konnte mich nicht entscheiden, ob diese Info meine Bauchschmerzen linderte oder verschlimmerte. Als ich den Laden verließ, war ich völlig erledigt. Dieses Guerilla-Shopping laugt ganz schön aus.

„Meinst du wirklich?", fragte ich. „Auf jeden Fall", antwortete Maren, „eine Kutschfahrt wäre der perfekte Abschluss".

Wir kamen von einer Ladeneröffnungen in Midtown, wo wir mit einigen Gläsern Sekt auf Marens letzten Abend angestoßen hatten. Wie immer hatte man die Party von jetzt auf gleich beendet. Fünf Minuten zuvor hatten die Gäste noch zu Popsongs aus den Achtzigern getanzt. Die Gläser waren voll, die Stimmung ausgelassen. Dann ging ruckartig das Neonlicht an, die Musik verstummte, und alle wurden nachhause geschickt. Das passierte in New York auf jeder Veranstaltung, sobald kostenlose Getränke ausgeschenkt wurden. „Vom Ausklingenlassen halten die hier anscheinend nichts", sagte Maren. „Man soll halt gehen, wenn's am Schönsten ist, oder?", versuchte ich, die New Yorker Eigenheiten mal wieder halbherzig zu verteidigen.

Der Schwips hatte uns aufgezogen wie kleine Blechspielzeuge. Wir marschierten Richtung Central Park durch die milde Nacht, schauten in die erleuchteten Schaufenster der luxuriösen Läden auf der menschenleeren 5th Avenue. In einigen Eingängen hatte es sich der eine oder andere Obdachlose gemütlich gemacht. „Schon komisch, dass Arm und Reich hier so eng nebeneinander leben", seufzte Maren. „Den Reichsten von allen haben die New Yorker sogar zum Bürgermeister gewählt", antwortete ich.

Mayor Michael Bloomberg hatte mit seinem Informationsdienstleistungs-, Nachrichten- und Medienunternehmen „Bloomberg L. P." ein Milliardenvermögen verdient, lange bevor er sein Amt antrat. Bloomberg ist bei den New Yorkern sehr beliebt. Nicht nur wegen seiner liberalen Gesinnung, seines pragmatisch erfolgreichen Führungsstils und seiner wirtschaftlich effizienten Politik. Sondern auch, weil er als engagierter Philanthrop allein im Jahr 2006 165 Millionen an kulturelle und soziale Organisationen sowie Einrichtun-

144

gen im Gesundheits- und Bildungswesen gespendet hatte, demonstrativ auf sein Bürgermeistergehalt verzichtet, stattdessen von der Stadt symbolisch einen Dollar pro Jahr kassiert und von seiner Upper-East-Side-Residenz mit der U-Bahn zur City Hall fährt, statt sich von seiner Limo kutschieren zu lassen. Aufgrund seiner Initiative sind Zigaretten aus den Restaurants verschwunden und Transfettsäuren von den Speisekarten. Vor kurzem hat er die Republikanische Partei verlassen, um als unabhängiger Politiker weiterzuarbeiten. Bei vielen New Yorkern steht er ganz oben auf der Wunschliste als geheimer Kandidat für die nächste Präsidentschaftswahl. Die Gutmensch-Liste lässt sich ewig fortsetzen. Laut Times Magazine ruft Bloomberg sogar täglich bei seiner 98-jährigen Mutter an.

Und da standen Maren und ich nun vor den schnaubenden Pferden. „Ziemlich touristisch", sagte ich und tätschelte einem Schimmel unentschlossen den muskulösen Hals. „Na und, ich bin ja eine!", grinste Maren entschlossen. Also stiegen wir in die Kutsche und waren zwei Minuten später trabend im dunklen Central Park verschwunden. Um uns herum flimmerte die Stadt. Die friedliche Stille wurde nur vom rhythmischen Klappern der Hufe durchbrochen. „Wow, das ist echt wie im Film", sagte Maren. Ein Gänsehautmoment, gepaart mit sentimentalen Glücksgefühlen.

„Und", fragte ich, „wie hat es dir gefallen?" Maren überlegte einen kurzen Augenblick. „Die Stadt ist wirklich ein Traum, und ich hatte eine fantastische Zeit. Aber leben könnte ich hier nicht", gab sie ehrlich zu, „auf Dauer wäre mir New York zu anstrengend, zu laut, zu anonym. Ich bin lieber zu Besuch hier." Kurz geriet ich in Versuchung, Maren mit einem Schwall Argumente vom Gegenteil zu überzeugen. „Aber wenn man hier lebt, ist die Stadt wie ein gemütliches Dorf, und trotzdem hat man dieses un-erschöpfliche Angebot. Wirklich, du hast doch gesehen, alles liegt in Reichweite von drei Blöcken, ob es der Bäcker ist, der kleine Lebensmittelladen, das Blumengeschäft. Und von wegen anonym, hier grüßen einen mehr Menschen mit Namen als in Hamburg." All das lag mir auf der Zunge. Und dort blieb es auch.

Maren war weg. Und ich wieder allein unter New Yorkern. Ich vermisste sie. Aber die kulturelle Sommersaison hatte begonnen und lenkte mich von meiner leeren Wohnung ab, in der abends keine Maren mehr auf mich wartete.

Im Bryant Park wurden jeden Montag alte Klassiker der Filmgeschichte gezeigt. Im Central Park fand dank der Metropolitan Opera große Oper unter freiem Himmel statt. Im Open-Air-Theater Delacorte wurde Shakespeare aufge-führt. Auf der „Summer Stage" traten M.I.A. und Patti Smith auf. Das Angebot war so üppig, dass ich den Über-blick verlor. Und das Beste: Alles war umsonst. Ganz New York strömte in die Parks.

Für die Konzerte musste man manchmal Stunden Schlange stehen. Die New Yorker nahmen das gelassen in Kauf und zelebrierten ihren Sommer. Wem die Massen zu anstrengend waren, der konnte auch Eintritt bezahlen. Die Liste der Open-Air-Veranstaltungen war endlos. In Williams-burg hatte die Musikszene ein altes leerstehendes Freibad erobert, in dessen Pool nun regelmäßig gerockt wurde. Und im MoMA-Museumsableger PS 1 legten jeden Samstag DJs auf und verwandelten den Innenhof in eine vibrierende Tanzfläche.

An einem Montagabend saßen Noelle und ich im Bryant Park an der 42. Straße. Wir hatten uns um sechs getroffen und gerade noch so ein freies Stück Wiese ergattert. Der komplette Park war mit Picknickdecken übersät. Nicht ein Grashalm war zu sehen. Bunte Gasluftballons schwebten wie bei einer großen Geburtstagsparty über der Wiese. „Damit die Leute sich hier finden", erklärte Noelle, als sie meinen fragenden Blick sah. Ganz vorne ragte eine große Leinwand in den Himmel. Im Hintergrund die Bürotürme Midtowns. Der Film startete erst bei Anbruch der Dunkelheit, aber der Spaß begann schon Stunden vorher. Jeder hatte sein Abendessen mitgebracht, und Decke an Decke an Decke wurde ein Riesenpicknick veranstaltet. Weinflaschen wurden entkorkt, den fremden Nachbarn zugeprostet. Ich holte Nudelsalat und eine große Tüte Trauben aus meiner Tasche, die ich noch schnell in der Mittagspause gekauft hatte. Noelle packte mexikanische Chips, würzige Salsa und ein Flasche Weißwein aus. Unser Nachbar lieh uns seinen Korkenzieher und stellte sich vor: „Hey, ich heiße Ian, schön, euch kennenzulernen. Das hier ist meine Arbeitskollegin Cynthia." Er trug einen grauen Anzug mit gelockerter Krawatte, sie ein schwarzes Kostüm. „Wir arbeiten bei der Chase Bank, und was macht ihr?", fragte er. Und schon waren wir ins Gespräch vertieft und hatten fünf Minuten später zwei neue Visitenkarten in der Tasche.

Zuhause auf meinem Schreibtisch wuchs der Visitenkartenstapel von Woche zu Woche. Ich brachte es einfach nicht übers Herz, anderer Menschen Kontaktinfo im Müll zu entsorgen. Andererseits konnte ich fast keiner Karte mehr ein Gesicht zu ordnen. Das lag nicht nur an meinem schlechten Gedächtnis. Sondern daran, dass man bei jeder flüchtigen Begegnung, ob man wollte oder nicht, eine Visitenkarte in die Hand gedrückt bekam. Mit einer Vehemenz, als wenn tatsächlich jeder mit einem Anruf rechnete. Auch wenn ich genau wusste, dass die Visitenkarten nie zum

Einsatz kommen würden, ließ ich den Stapel weiter wachsen.

Es fing langsam an zu dämmern. Die Leinwand flimmerte, und ein Bugs-Bunny-Cartoon begann. „Kennst du Bugs Bunny?", fragte Noelle. „Klar, der gehört auch zur deutschen Kindheit", flüsterte ich zurück. Bugs Bunnys Stimme hallte zwischen den Hochhäusern. Dann wurde ein HBO-Trailer eingespielt. Der Privatsender war offizieller Sponsor der „Movie in the Park"-Sommerserie. Plötzlich sprangen alle auf, jubelten, ruderten mit ihren Armen in der Luft, fingen wild an zu tanzen und zu singen. Ich blieb als Einzige auf meiner Decke sitzen und sah dem Spektakel irritiert zu. Noelle beugte sich zu mir runter: „Der Tanz ist Tradition. Wir haben den Titelsong schon als Kind im Fernsehen zu hören bekommen." Als sich alle wieder beruhigt hatten, auf ihre Decke zurückgekehrt waren und man so langsam ein paar Sterne am Himmel funkeln sah, begann der Film: „Der Mann, der zu viel wusste" von Alfred Hitchcock.

So ging der Sommer weiter. Die Parks wurden zu Kulturwiesen. Einige Tage später hatte ich mich mit Valerie und Jonathan zur „Met in the Park" verabredet. Die Metropolitan Opera führte schon seit 1967 jeden Sommer einige Stücke im Central Park auf. 50 000 Zuschauer strömten an diesen Abenden zur „Great Lawn".

Madame Butterfly von Puccini stand auf unserem Programm. „Halt Ausschau nach den schwarz-rot-gelben Luftballons, dort sitzen wir und warten auf dich", so Jonathan. Typisch. Er fand es lustig, mich mit den Farben der deutschen Nationalflagge aufzuziehen, nachdem ich ihm in epischer Breite erklärt hatte, dass wir Deutschen in der Regel dafür nichts übrighatten – wenn nicht gerade der World Cup stattfand.

Wir saßen auf der riesigen Wiese. Vor uns der akustische Wirrwarr der Musiker, die sich warmspielten. Über uns der endlose Himmel. Ein seltener Anblick in Manhattan. In den vorderen Reihen saßen die hübsch zurechtgemachten Musikliebhaber. Wir waren mit Jeans und T-Shirt aufgetaucht. „Vorne sitzen schweigend die Connaisseure, hinten quatschende Laien wie wir", bemerkte Valerie.

„Sag mal, kennt einer von euch einen guten Dermatologen, den ihr empfehlen könntet?", fragte ich, da ich mal wieder meine Muttermale checken lassen wollte. „Ich bin nicht mal versichert", erwiderte Jonathan trocken. „Du bist nicht versichert?", wiederholte ich fassungslos. „Ich auch nicht", sagte Valerie. „Aber was ist, wenn ihr von einem Auto angefahren werdet? Oder eine Blinddarmentzündung habt, oder, oder, oder ..." Eine Flut potentieller Horrorszenarien überkam mich. „Von meinen Freunden ist fast niemand versichert. Das ist einfach viel zu teuer", sagte Val pragmatisch. „Ich würde mich nicht mehr aus dem Haus wagen", entgegnete ich. „47 Millionen Amerikaner sind nicht versichert, und davon gehören viele zum Mittelstand. Da Arbeitgeber nicht verpflichtet sind, ihre Arbeitnehmer zu versichern, schrecken viele davor zurück, die hohen Beitragskosten selbst zu übernehmen, und leben lieber mit dem Risiko", erzählte Jonathan. „Wisst ihr, dass bei uns sogar Arbeitslose vom Staat versichert werden?", fragte ich. „Nicht ohne Grund seid ihr Deutschen für eure Versicherungsmentalität bekannt", schmunzelte Jonathan.

Das Publikum fing an zu klatschen. Die Oper begann, und ich fragte mich, wie viele New Yorker auf dieser Wiese wohl nicht versichert waren.

Dann piepte mein Handy. Eine Textnachricht. Von Ian. Dem Typen vom Bryant Park. Seine Frage: „Sehen wir uns nächste Woche wieder im Bryant Park?" Meine Antwort: „Vielleicht."

Juli

Im Juli bekam ich dann doch noch, wenn auch sechs Monate später, ein Feuerwerk präsentiert. Nicht frierend in einer kalten Silvesternacht, sondern mitten an einem lauen Sommerabend.

Die ganze Stadt feierte „4th of July", den amerikanischen Unabhängigkeitstag. Dabei dachte niemand an die historische Vertragsabzeichnung im Jahre 1776, die Geburtsstunde der Vereinigten Staaten von Amerika. Der Moment, als sich die Kolonien von der britischen Krone trennten. Außer unseren beiden Nachbarn vielleicht. Die hatten ihre Vorgärten in ein buntes Patriotenbiotop verwandelt. Wohin man auch sah: amerikanische Nationalflaggen als Fähnchen, Baumschmuck und Beleuchtung.

Für den Rest New Yorks war „Independence Day" ein Film von Roland Emmerich und der 4. Juli der Tag, an dem man Barbecue-Orgien veranstaltete. In der ganzen Stadt wurde gegrillt. Und dann, um 21.20 Uhr, schossen zur Feier des Tages am East River zwischen der 23. und 42. Straße und Downtown am South Sea Port 30 000 funkelnde Feuerwerkskörper in den Himmel.

Valerie und ich hatten beschlossen, selbst eine Barbecue-Party zu geben. Schließlich hatten wir einen eigenen Garten und die beste Aussicht auf Manhattan, somit aufs Feuerwerk, nur ein paar Straßen entfernt.

„Ich habe keine Ahnung, wie beeindruckend bei euch das Silvesterfeuerwerk ist, aber ich verspreche dir: Heute

Abend wirst du staunen. Das ‚4th of July'-Feuerwerk in New York kann sich sehen lassen", kündigte Valerie an. Wir standen in der Küche und schnippelten Tomaten, Avocado und Zwiebeln für die Beef- und Veggieburger und Erdbeeren für die Bowle. „Es ist das größte im ganzen Land", fuhr Val fort.

Das pyrotechnische Spektakel in New York wurde von der Kaufhauskette Macy's veranstaltet und landesweit im Fernsehen übertragen. In der Stadt der Superlative durfte man sich schließlich nicht lumpen lassen. Irgendwo hatte ich gelesen, dass Macy's jedes Jahr mehr als 500 000 Dollar in die Luft jagt. Privates Rumballern war dagegen verboten.

Wir hatten die übliche Runde eingeladen. Und Ian.

Ich war seiner SMS-Einladung in den Bryant Park gefolgt und hatte mir zwei weitere Filme unter freiem Himmel mit ihm angeschaut. Auf ein und derselben Picknickdecke. Seitdem bombardierte er mich mit Anrufen und der Frage, wann er mich denn endlich mal zum Essen ausführen dürfe.

„Ian ist echt ein netter Typ, aber mehr auch nicht", sagte ich zu Valerie. „Wenn ich mit ihm essen gehe, denkt er sicher, dass wir daten, oder?"

„Natürlich, was denn sonst", grinste Valerie, als hätte ich darauf hingewiesen, dass Wolkenkratzer ziemlich hoch sind.

Genau deshalb, um einem Rendezvous zu entgehen, falschen Schlüssen vorzubeugen und trotzdem nicht unhöflich zu sein, hatte ich ihn erst mal auf unser Barbecue eingeladen.

„Wenn du jetzt denkst, dass es harmloser war, ihn heute einzuladen, irrst du dich gewaltig. Der denkt ganz sicher, du möchtest, dass er deine Freunde kennenlernt. Nach amerikanischen Regeln wäre das heute übrigens euer drittes Date", nahm mir Val den Wind aus den Segeln.

„Bitte was? Wir haben uns noch nicht mal geküsst! Außerdem hat er bisher immer angerufen. Ich habe nicht ein einziges Mal seine Nummer gewählt. Das ist meinerseits doch mehr als eindeutig, oder etwa nicht?", fragte ich hoffnungsvoll. „Na ja, er denkt wahrscheinlich, dass du die ‚Willst du gelten, mach dich selten'-Methode angewendet hast. Offensichtlich ja auch mit Erfolg", konterte Val und grinste.

„O Gott, wirklich? Und was mach ich jetzt? Ausladen kann ich ihn wohl nicht mehr", erwiderte ich und ärgerte mich über diese verdammten Dating-Regeln, in deren Dickicht ich mich verirrt hatte, bevor ich überhaupt wusste, dass ich datete.

„Zieh dir bloß nichts mit eindeutigem Ausschnitt an oder irgendein extrem hübsches Kleid, das Signale sendet", war Valeries Rat. „Signale? Muss ich heute im Jogginganzug durch die Gegend laufen?", scherzte ich. „Zum Beispiel", sagte Valerie, und wir mussten beide lachen.

Nachmittags um vier schmissen wir den Grill an. Das würzige Barbecue-Aroma hing schon seit Stunden in der Williamsburger Luft. Aus den Gärten und von Dächern sah man Rauchschwaden in den Himmel steigen.

Unsere Gäste brachten Wein, Salate, Brot, Bier, Nachtisch und andere Gäste mit. Außer Ian. Er kam allein und streckte mir einen großen Strauß Blumen entgegen. Ich lächelte ihm verlegen entgegen, bevor ich mich hilfesuchend umschaute, in der Hoffnung, Blickkontakt mit Valerie aufzunehmen. Diese Blumen waren doch sicher ein weiterer Hinweis auf seine Absichten.

Statt Valeries Blick traf mich Jonathans. Er lächelte und hatte die Situation sofort durchschaut. Wortlos flehte ich ihn an, sein zynisches Kommentieren zu unterdrücken. „Ich habe sogar vegetarische Hot-Dog-Würstchen für euch Vegetarier mitgebracht. Ihr Krauts steht doch auf Wiener (Würstchen), oder? Auf jeden Fall war es ein Deutscher, der hier die ersten Hot Dogs verkauft hat", sagte er stattdessen. Ich nickte wortlos und dankbar.

„Heute findet doch auch das jährliche Wettessen bei Nathan's in Coney Island statt. Ich glaube, der Rekord liegt mittlerweile bei 53 Hot Dogs in zwölf Minuten", warf Ian ein.

Jonathan nickte anerkennend. „Ja, das wollte ich mir immer schon mal live ansehen", sagte er. „Wir können uns das Ganze ja gleich im Fernsehen anschauen."

„Hier wird aber auch wirklich jeder Unsinn im Fernsehen übertragen", mischte ich mich in die Hot-Dog-Konversation ein. „Unsinn?", wiederholte Jonathan empört. „Nathan ist Tradition und kein Unsinn." 1916 hatte ein Mann namens Nathan Handwerker seine erste Hot-Dog-Bude an der Promenade in Coney Island, Brooklyn eröffnet. Noch im selben Jahr gerieten dort vier Immigranten an der Theke in einen Streit. Der Grund: Jeder behauptete von sich, patriotischer zu sein als die anderen drei. Also beschloss man, dass derjenige, der Amerika zu Ehren die meisten Hot Dogs verdrückte, sein Heimatland am meisten liebte. Unsinn, wie schon gesagt. Aber ein New Yorker „4th of July"-Ritual war geboren und „Nathan's" wurde mit Millionen verkaufter Hot Dogs zu einer der erfolgreichsten Fast-Food-Ketten Amerikas.

Unser Garten war voll. Mit Menschen, Hamburgern, Bierdosen, Partystimmung und Madonnasongs. Aus unserem kleinen CD-Player dröhnte „Material Girl" über den Esstisch hinweg. Valerie und ich veranstalteten einen Staffellauf zwischen Küche und Garten. Irgendetwas fehlte immer. Wir rannten die Treppen rauf und wieder runter. Mir war das ganz recht. So hatte ich jederzeit einen Grund, plötzlich aufzuspringen, wenn Ians Hand sich mal wieder bis zu meinem Bein vorgetastet hatte. Ich machte mich ganz steif, bevor ich rief: „Ah, Noelle, dein Glas ist ja schon wieder leer! Ich hole grad noch mehr Bowle aus dem Kühlschrank."

In der Küche stellte mich Vanessa zur Rede. „Warum rennst du heute eigentlich wie ein aufgescheuchtes Huhn durch die Gegend?"

Ich erzählte ihr von meinem Dating-Missverständnis. „Und dann trägt er auch noch diese scheußlichen karierten Shorts", beendete ich den Bericht über mein Dilemma. „Amerikaner lieben Shorts", entgegnete sie, „jeder, der schon mal einen amerikanischen Touristen gesehen hat, weiß das. Und den wenigsten steht's. Das weiß auch jeder."

„I know, aber Ian sieht darin so lächerlich aus, dass ich mich noch unwohler fühle. Keine gute Grundlage. Gewisse Dinge sollten man einfach nicht enthüllen, wenn man sich noch nicht so gut kennt", sagte ich. Und blasse, behaarte Beine gehörten eindeutig dazu. „Dann sag ihm doch einfach ganz klar, was Sache ist", so Vanessas Rat.

Noelle sah die Sache ganz anders. Sie sprach davon, dass dies eine hervorragende Gelegenheit sei zu üben. Üben? Wofür? „Na ja, wenn du kein großes Interesse hast, kannst du die Sache doch ganz unverkrampft angehen. Das ist gut fürs Ego und du kannst ganz ohne Risiko beobachten, wo es euch hinführt. Und wenn's dir dann irgendwann mal mit einem anderen Typ ernst ist, hast du dich wenigstens schon warmgedatet. Außerdem ist Ian doch ein echt Netter", empfahl sie mir.

„Nett reicht mir eben nicht. So ganz ohne Prickeln und Schmetterlinge im Bauch, das bringe ich einfach nicht übers Herz", erwiderte ich, „ich kann mir nicht mal vorstellen, ihn zu küssen." Ich fühlte mich für dieses Gespräch mindestens zehn Jahre zu alt.

Die chaotische Aufbruchsstimmung kam mir zur Rettung. Vorerst.

Die einen wollten sich das Feuerwerk in dem kleinen Park an der Grand Street am Ufer des East River anschauen, die anderen wollten aufs Dach, wieder andere ganz woandershin. Valerie versuchte, unser Grüppchen zusammenzuhalten, ich blies hektisch die Kerzen aus. „In fünf Minuten geht's los. Beeilt euch!", rief Jonathan und rannte schon in Richtung East River. Noelle blieb einfach bewegungslos am Tisch sitzen, ins Gespräch mit ihrem Freund Frank vertieft. Vanessa war ins Badezimmer verschwunden und bestand darauf, in letzter Minute noch ihre Zähne mit Zahnseide zu reinigen. Ich wusste, dass Amerikaner süchtig nach Zahnseide waren. Aber ausgerechnet jetzt? Konnte das nicht noch ein bisschen warten? „Nein, sonst denke ich die ganze Zeit darüber nach, was mir noch zwischen den Zähnen hängt." So genau wollte ich es gar nicht wissen. Der Einzige, der nicht von meiner Seite wich, war Ian.

Pünktlich zum ersten Knall standen wir dann doch alle am Ufer. Halb Williamsburg war hier versammelt. Valerie hatte nicht zu viel versprochen. Am dunklen Sommerhimmel flogen Sternschnuppen, schillernde Formationen und ein buntes Farbspektakel durch die Luft. Flimmernde Schmetterlinge, glitzernde Smileys, berstende Kometen und wie Edelsteine funkelnde Kreise rieselten vor der Skyline nieder. Eine dramatische Inszenierung. Und allein der Kulisse wegen ein magischer Anblick. Und das Beste: Es hörte gar nicht mehr auf. Immer wenn es so aussah, als würden die Feuerwerkskörper zum finalen Endspurt aufbrausen, knallte es einfach weiter. 120 000 Explosionen entlockten den New Yorkern etliche „Ahs" und „Ohs". Auch mir, denn dieses Schauspiel war schöner, dramatischer und fantasievoller als alle Neujahrsfeuerwerke, die ich bisher erlebt hatte.

Am nächsten Morgen wachte ich auf und stellte verwundert fest, dass ich noch komplett bekleidet war. Eindeutig zu viel Bowle, dachte ich auf dem Weg ins Badezimmer. Dann sah ich den wahren Grund. Er lag schlafend auf der Coach: Ian. Vage erinnerte ich mich an eine Diskussion, in der er mir mutig zu verstehen geben wollte, dass für ihn nun alle Weichen gestellt seien. Für die erste gemeinsame Nacht. Ich behauptete, viel zu viele Gläser Bowle getrunken zu haben, und bestand darauf, dass er auf dem Sofa übernachtete. Anstatt ihn gleich nachhause zu schicken! Sicherheitshalber hatte ich daraufhin meine Klamotten anbehalten. Ich musste konkreter werden.

Ich löste das Problem amerikanisch und hob in der darauf folgenden Woche einfach nicht mehr mein Telefon ab, wenn Ians Nummer im Display erschien. Valerie hatte mir dazu geraten. Ich fühlte mich ziemlich schlecht dabei. Aber: Es funktionierte. Nach fünf Tagen verstummte mein Telefon und ich sah Ian nie wieder.

Auf die erste Erleichterung folgte eine Sehnsucht. Nicht nach Ian. Aber irgendetwas fehlte. Mir war ganz melancholisch zumute. Warum verliebte man sich immer in die Falschen? Oder die Falschen verliebten sich einen. Mich überkam ein Anflug von Selbstmitleid gepaart mit Heimweh. Wie gerne hätte ich diesen sentimentalen Weltschmerz jetzt mit einer guten Freundin ausdiskutiert und mit vielen Gläsern Rotwein runtergespült. Nicht mal anrufen konnte ich. Es war acht Uhr abends in New York und die Hamburger lagen längst im Bett.

Um das Heimweh zumindest zeitweilig zu lindern, fuhr ich am nächsten Tag in der Mittagspause mit der U-Bahn weit hoch in die Upper East Side. Ich öffnete die Tür und stand auf deutschem Boden. „Schaller und Weber" war ein deutscher Metzger auf der 2nd Avenue an der 86. Straße, der sich die Aura eines Tante-Emma-Ladens bewahrt hatte. In den Regalen stapelte sich die greifbare Heimat: Brandt Zwieback, das goldene Rübenkraut, Kinderschokolode, Maggi, 4711, Bahlsen Butterkekse, Haribo Lakritzschnecken und Gummibärchen, Salmiakpastillen, Dallmayr Kaffee – alles, was das deutsche Herz begehrte. Ich ging zur Theke, wo der Metzger meine Bestellung hinter einem Vorhang von Würstchen entgegennahm: Eine Portion Kartoffelsalat, bitte. Dieser schmeckte fast so wie von Muttern. Mit einer schweren Tüte deutscher Heimwehkiller und einem Erfrischungsstäbchen im Mund verließ ich den Laden. „Auf Wiedersehen, Fräulein!", rief man mir auf Deutsch hinterher, und ich fühlte mich gleich ein bisschen weniger heimatfremd.

Blieb nur noch das Selbstmitleid.

Darüber tröstete ich mich mit einem teuren Haarschnitt hinweg.

„Im Meatpacking District gibt es diesen tollen Salon von Bumble & Bumble", empfahl mir eine Kollegin.

In New York waren Friseure nicht einfach Menschen, die einem die Spitzen stutzten und zuhörten, wenn man sich über Spliss und das Wetter beklagte. Nein, in New York war Haareschneiden ein hoch angesehenes Handwerk, die Friseure begehrte Starcoiffeure. Für ihre magischen Schnitte wurden Summen bezahlt, die meine Monatsmiete toppten. Kein Witz. Bis zu 800 Dollar blätterte man in New York für einen Haarschnitt hin. Denn ein Termin bei einem der angesagten Hairstylisten war ein Statussymbol. In der High

Society New Yorks mindestens genauso wichtig wie die neueste „It-Bag" am Arm. Natürlich klebte an der perfekten Frisur kein Etikett mit dem Namen des Designers. Aber da man in Amerika für jeden neuen Haarschnitt ganz gewiss mit Komplimenten überschüttet wurde, hatte man in jedem Fall die Gelegenheit, ganz beiläufig zu erwähnen, dass man diese schicke Frisur Sally Hershberger zu verdanken hatte. Du weißt schon, die, zu der auch Sarah Jessica Parker, die Olsen Sisters und Michelle Pfeiffer gehen. Und sofort hatte jeder verstanden: Es handelte sich um einen dieser prominenten Haar-Gurus, denen die Filmstars aus Hollywood vertrauten. Von diesem Glamour abzustauben ist eben nicht billig.

Außerdem lieben New Yorker Exklusivität und Privilegien. Was sich nicht jeder leisten kann, ist umso erstrebenswerter.

In dieser Stadt ist es nichts Ungewöhnliches, Rod Stewart für eine Geburtstagsparty zu engagieren. Oder für 6000 Dollar mit dem Helikopter, über die Staus auf der Autobahn hinweg, in die Hamptons zu fliegen. Auch, dass man die edle Feuchtigkeitscreme „Crème de la Mer" im 1350-Dollar-Tiegel kaufen konnte, erschien den New Yorkern nicht weiter sonderbar.

Ich konnte mir einen First-Class-Haarschnitt weder leisten, noch hätte sich diese Investition gelohnt. Schon seit Jahren bändigte ich mein störrisches Haar mit einem Gummi. Ich trug immer einen Zopf. Selbst nachts. Andere Menschen hatten Frisuren, ich hatte einfach nur Haare.

Natürlich saß ich trotzdem jedes Mal mit der Hoffnung vorm Spiegel, dass ich den Salon mit einer „schnittigen" Frisur verlassen würde. Aber kaum hatte ich bezahlt, war das Zopfband wieder drin und die Stylingprodukte, die ich mir jedes Mal aufschwatzen lies, verstaubten im Badezimmer.

New York belebte meine Hoffnung. Eine Stadt, in der man die Erhaltung der gottgegebenen Schönheit perfektioniert hatte. In der Frauen sich in der Mittagspause mit dem Nervengift Botox die Falten wegspritzen, in der Sauerstoffkammern verjüngen und die Pedi- und Maniküre zur wöchentlichen Routine gehören. Schönheit ist hier ein Alltagsgeschäft. Und eine Investition. In die Karriere. Potentielle Ehen. Und ein glückliches Leben. Angeblich.

Also machte ich einen Termin bei „Bumble & Bumble". 125 Dollar sollte der Haarschnitt kosten. Der Latte war umsonst. Der Ausblick auch.

Ich wartete in einem riesigen Loft, saß in der Lounge am Fenster und starrte über den Hudson River Richtung New Jersey. Um mich herum waren wie in einem Boutiquehotel dezent Designermöbel und schöne Menschen mit akkuraten Schnitten platziert. Allein hier zu sitzen fühlte sich wie ein Privileg an. Dann war ich an der Reihe.

Meine Haarwünsche waren wie immer sehr unkonkret.

„Ja, also, ich hätte gerne mal so einen richtigen Schnitt. Aber nicht zu kurz. Ich muss auf jeden Fall noch einen Zopf machen können. Am besten wäre ein Schnitt, den man morgens nicht stylen muss. Und schon gar nicht föhnen. Am besten eine Frisur, die einfach so liegt, wenn man morgens aufsteht." Wie ich wusste: eine „Mission Impossible". Meine Stylistin nickte trotzdem verständnisvoll, stellte ein, zwei Fragen. Wir diskutierten mein Haar, als wenn es sich um eine wichtige ärztliche Diagnose handeln würde.

Sie fing entschlossen an zu schneiden. Ein Hoffnungsschimmer. Vielleicht gab es doch eine Frisur für mich und ein Leben ohne Haargummis?

Ich versuchte, den kleinen Spiegel rechts zu ignorieren und weiterhin aus dem Fenster in die weite Ferne bis zur Freiheitsstatue zu starren. Aber als der Föhn zum Einsatz kam, konnte ich meine Augen nicht mehr vom Spiegel lassen und beobachtete, wie ich mir Strähne für Strähne fremder wurde. Ich hatte extra betont, dass ich zuhause nicht mal einen Föhn besaß. Sie hatte nur gegrinst, genickt und einfach weitergeföhnt. Als sie fertig war, sah ich aus wie eine amerikanische Talkshow-Moderatorin.

Oder wie die geföhnten Frauen, denen ich letzte Woche auf der Upper East Side begegnet war. In die Gegend um die gut betuchte Park Avenue verirrte ich mich höchst selten. Mitte des 19. Jahrhunderts bewohnten Industriebarone, Adelige und die wohlhabendsten Familien Amerikas die dortigen Residenzen. Bis heute ist die Neighborhood am Central Park die begehrteste Adresse der Upperclass. Und offensichtlich auch der Dermatologen. Denn auf der Suche nach einem Hautarzt stieß ich immer wieder auf die gleichen Straßen rund um die Park Avenue. Auf jedem Block schien es mindestens eine Praxis zu geben. Arztbesuche in Amerika waren eine umständliche Angelegenheit. Dank des amerikanischen Gesundheitssystems konnte ich mir nicht einfach einen Arzt aussuchen. Meine Krankenversicherung bezahlte nur, wenn der anvisierte Dermatologe Teil deren Netzwerkes war. Ansonsten muss man die kompletten Kosten selber tragen oder weitersuchen.

Auf dem Weg begegnete ich etlichen Klischeegestalten, wie man sie nur hier fand. Realer als die Wirklichkeit.

Damen – klein und hager, makellos frisiert, manikürt, streng nach Diät lebend und von einer Wolke teuren Parfüms umgeben. An der Leine zitternde Schoßhunde. Die Portiers halten die Türen auf, grüßen mit Namen, bevor die

Ladys wieder in ihre Zehn-Zimmer-Festungen verschwinden, die mit schweren Teppichen, Seidentapeten, Antiquitäten, Silberbesteck und Kristalllüstern vollgestopft sind.

Viele dieser Damen sahen aus, als wenn sie bei den ansässigen Dermatologen ein- und ausgingen. Die Eingriffe hatten Spuren hinterlassen, statt Jahrzehnte zu verjüngen. Ein lebenslanges Endlosprojekt. Auf Fettabsaugen an Schenkeln und Kinn folgte die Lidkorrektur, folgte die Bauchstraffung, folgte die Botox-Injektion in Faltenkrisengebieten, folgte die schockierende Erkenntnis, dass das Resultat leider nicht immer so beeindruckte wie bei Demi Moore.

Im Wartezimmer hatte ich das Gefühl, dass ich die einzige Patientin mit einem so profanen Anliegen wie Muttermalen war. Die Einrichtung erweckte den Eindruck eines modernen Spas. Ganz im Gegensatz zu den üblichen Arztpraxen, in denen sich hinterm Empfang noch altmodisch die vergilbten Papierordner mit Patientenberichten stapelten, meist bis an die Decke. Vor mir checkte eine geföhnte blonde Lockenmähne ein. Die Dame trug High Heels und ein quietschgrünes Chanel-Kostüm, in dem ein tadelloser Körper mit langen schlanken Beinen steckte. Ende dreißig, schätzte ich von hinten.

Sie drehte sich um und vor mir stand eine etwa siebzig Jahre alte Frau. Ihre beiden pinkfarben geschminkten, aufgespritzten Lippen lächelten mir entgegen. Der Rest ihres faltenlosen, braun gebrannten Gesichtes war zu einer bewegungslosen Maske erstarrt. Ich lächelte zurück, spürte, wie sich die Lachfalten in meine Backen gruben, und fühlte mich alt.

Zurück zu Bumble & Bumble. Ein mir fremdes Ich stand frisch geföhnt an der Kasse und hatte keine Ahnung, wem wie viel Tip in die kleinen Umschläge gesteckt werden musste. Im Dienstleistungsparadies New York benötigte man als Europäer für Trinkgelder auf jeden Fall eine Gebrauchsanweisung. Grundsätzlich galt: Immer tippen. Alle. Die Kellner im Restaurant genauso wie die Jungs, die an der Tankstelle Benzin nachfüllten. Den Teenager, der an der Kasse im Supermarkt die Tüten einräumte, genauso wie die Chinesin, die einem ordentlich die Nackenmuskulatur durchmassiert hatte. Sonst machte man sich schnell unbeliebt. Außerdem wusste jeder, dass das Trinkgeld oft den eigentlichen Verdienst ausmachte, weil die Mindestlöhne kaum der Rede wert waren.

Keith, der mir die Haare gewaschen hatte, bekam laut Kassiererin fünf Dollar. Die Hairstylistin Laura zwanzig Prozent des Preises, also aufgerundete dreißig Dollar. Und dann hatte mir noch jemand anderes ungewollt die Haare geföhnt. Noch mal fünf Dollar.

165 Dollar später zwang ich mich, meine neue Föhnfrisur nicht mit einem Haarband zu ruinieren. Ich wollte meinem neuen New-York-Look eine Chance geben. Aber jedes Mal, wenn ich mein Spiegelbild in einem Schaufenster erspähte, blickte mir eine junge Frau entgegen, mit der ich nichts anfangen konnte.

Am nächsten Morgen in der Dusche spülte sich der Upper-East-Side-Look automatisch raus, und nach dem Lufttrocknen sah ich wieder aus wie ich selbst. Mit Zopf.

Dann passierte es doch noch.

Erst wollte ich gar nicht mitkommen. Wir hatten schon die letzten beiden Samstagnachmittage auf der Party im PS 1 verbracht, und ich musste mal wieder dringend mit Deutschland telefonieren und andere Dinge erledigen. Aber Noelle redete so lange auf mich ein, bis ich nachgab.

So standen wir im Innenhof des Museums und wippten

mit dem Kopf im Takt. Die Musik war so laut, dass man sich kaum denken hören konnte.

Jeden Sommer veranstaltete das PS 1 in Long Island City die beliebten „Warm-up"-Konzerte mit Livemusik, bekannten DJs und Barbecue.

Das Museum hieß PS 1, weil es in einem alten Schulgebäude eingerichtet worden war und man öffentliche Schulen in New York mit PS wie Public School abkürzte und dann einfach durchnummerierte.

Die Ausstellungen waren trotz der Party noch zugänglich. Eine schöne Abwechslung, wenn man keine Lust mehr auf laute Musik und tanzende Menschen hatte.

„Hast du Lust, mit in den Raum von James Turrell zu kommen?", schlug ich Noelle vor, als es dämmerte. Das PS 1 hatte einen der „Skyspaces" des amerikanischen Künstlers als Dauerinstallation erworben. Ich konnte mich nicht sattsehen. Wir liefen die Treppen hoch bis in den letzten Stock und entfernten uns langsam von den hämmernden Beats der Tanzfläche. Einige wenige liefen versprengt durch die Ausstellungsräume. Oben angekommen öffneten wir die Tür zu Turrells Kunstwerk: ein rechteckiger leerer Raum mit einem Loch in der Decke, durch das der Himmel wie ein Gemälde zum Vorschein kam. Wir legten uns neben die anderen Zuschauer, schwiegen und starrten in den Ausschnitt unendlichen Blaus. Plötzlich glitt ein Flugzeug durch die perfekte Himmelsoberfläche und hinterließ einen weißen Kondensstreifen. Normalerweise ein ganz banaler chemisch-physikalischer Vorgang, aber im Rahmen dieses isoliert stillen Raumes haftete der weißen Abgasspur ästhetische Bedeutung an, die um uns herum murmelnd diskutiert wurde. Es stimmte: Dieser Raum hatte etwas Magisches. Abgesehen davon, dass diese harmlos aussehenden Kondensstreifen zur Klimaveränderung beitrugen. „Irgendwie sehr spirituell, da oben auf dem Boden zu liegen und in den Himmel zu starren. Man verliert sich sofort in seiner eigenen Gedankenwelt", sagte ich zu Noelle, als wir die Treppe runterliefen. Meine Überlegungen zur Klimakatastrophe behielt ich lieber für mich. „Ich kann nur noch an Frank denken", entgegnete Noelle.

Die Köpfe von Noelles Freunden Paul und Frank hüpften ausgelassen in der schwitzenden Menschenmenge. Die Hip-Hop-Legende Afrika Bambaataa aus der Bronx rockte am Plattenteller, und die Leute tobten.

Noelle hatte schon seit längerem ein Auge auf Frank geworfen. Der farbige Paul war sein bester Freund und immer so makellos gut angezogen, höflich und zuvorkommend, wie nur homosexuelle Männer es sein konnten. Paul machte aus seiner Vorliebe keinen Hehl. Ich hatte den Verdacht, dass auch der große schlaksige schüchterne Frank nur platonisch an Frauen interessiert war. Aber er ließ sich nichts anmerken. Weder in die eine noch die andere Richtung.

Noelle blühte auf, wenn er sich in greifbarer Nähe befand. So auch heute. Sie fing ständig an zu kichern, trug plötzlich Lippenstift und ein Oberteil, aus dessen Ausschnitt ihre Oberweite herauszupurzeln drohte.

Paul winkte uns zu, forderte uns auf mitzutanzen. Noelle tauchte sofort in die Woge tanzender Menschen ab. Ich blieb, wo ich war, schaute auf die Uhr. Es war halb neun. Pünktlich um 21 Uhr war die Veranstaltung beendet. Viel zu früh, um nachhause zu gehen. Deshalb wollten wir noch bei mir kochen. Mein Energiepegel gab gefühlte Mitternacht an. Wir waren schließlich schon seit drei Uhr hier. Ich gähnte.

Plötzlich sagte jemand sehr dicht hinter mir: „Hey, I am Justin, I would really like to meet you." Ich fühlte mich nicht angesprochen, drehte mich nicht mal um und musste noch mal gähnen.

„Hast du schon Pläne, wenn das hier zu Ende ist?", fragte das unbekannte Wesen, dieses Mal direkt neben mir. „Meinst du mich?" So richtig verinnerlicht hatte ich die unverblümte Art der amerikanischen Kontaktaufnahme noch immer nicht. „Wen sonst", sagte die Stimme spitzbübisch. Nun musste ich mich umdrehen. Da stand ein braun gebrannter junger Typ mit ausgebleichtem Haar, der aussah, als sei er gerade vier Wochen auf Hawaii surfen gewesen. Kein schlechter Anblick, aber ich war müde. „Du musst dich gar nicht erst bemühen. Wir gehen jeden Augenblick nachhause", sagte ich schroff. „Da komm ich mit", meinte Justin, als hätte er das Ganze alleine zu entscheiden. „So forsch, dass es fast charmant ist …", dachte ich und sagte aber: „Das ist ein bisschen vorschnell, denkst du nicht?" Ohne eine Sekunde zu zögern, antwortete er: „Das stimmt, aber warum sollten wir uns jetzt aus den Augen verlieren, wenn wir die Möglichkeit haben, uns noch heute Abend kennenzulernen?" Überredet.

Dann ging alles ganz schnell. Die Party war zuende. Und Paul und Frank waren etwas irritiert über Justin, ich auch. Noelle hingegen gab mir hinter seinem Rücken ein „Thumbs-up". Wir fuhren zu mir, kochten Spaghetti, tranken Wein und ich bemerkte plötzlich ein Gefühl in der Magengegend, das vor vielen vielen Monaten das letzte Mal vorbeigeschaut hatte. Eine Nervosität, die ankündigte, dass ich ganz unvorhergesehen in meine erste transatlantische Dating-Romanze schlitterte.

Am nächsten Morgen lag seine Nummer auf dem Küchentisch, und ich brach stur die erste Regel. Ich griff zum Hörer, statt auf seinen Anruf zu warten. Abends gingen wir zusammen essen. Bei dem Versuch, Regel Nummer zwei zu brechen, lachte Justin mich aus und bestand darauf, die Rechnung zu bezahlen. Kurz bäumte sich in mir die Feministin auf. Dann vertagte ich meinen Vortrag über die Emanzipation der deutschen Frau auf später und konzentrierte mich auf den Augenblick. Er nahm meine Hand und ich fühlte mich plötzlich seltsam atemlos. Meine anfängliche Coolness löste sich in kleine, aufgeregt flatternde Schmetterlinge auf.

August

GANZ NEBENBEI schlich sich die große Hochsommer-
hitze an. Hatten gerade noch alle ihr komplettes Leben auf
die Straße und die Parks verlagert, so zogen sich im August
mehr und mehr New Yorker in die klimatisierten Innenräu-
me zurück. Die so genannten „Dog Days" hatten begonnen.
Die Temperaturen klettern über die Dreißig-Grad-Grenze,
und dort blieben sie auch. Tag und Nacht. Die karibische
Schwüle hing wie eine Dunstglocke über der Stadt, durch
die kein Lüftchen drang. Anfangs hatte ich die Klimaanlagen noch verflucht. Röhrend und spukend hingen sie
aus allen Fenstern und kühlten jeden öffentlichen Raum
bis auf Eisfachtemperaturen herunter. An die Energieverschwendung durfte ich gar nicht denken. Denn leider war
ich selbst daran beteiligt. Mein Fenster im Büro war immer
einen Spalt breit geöffnet, damit die ins Zimmer strömende
Hitze mich davor bewahrte, am Schreibtisch zu erfrieren.

Morgens stand ich mit meinem dünnen Sommerkleid-
chen schwitzend in der U-Bahn-Station. Hier herrschten den
ganzen Monat nie weniger als vierzig Grad. Der Zug hielt
an, ich stieg ein und hatte sofort eine Ganzkörpergänse-
haut. Ich zog die Strickjacke über, die ich trotz dieser Affen-
hitze immer bei mir hatte. Beim Aussteigen schlug mir
umgehend wie ein feuchter Lappen die heiße, schwere Luft
entgegen. Im Büro war es dann wieder eiskalt. Ich wartete
förmlich schon auf eine fiese Sommergrippe, die zwangsläufige Konsequenz dieser ständigen Heiß-Kalt-Kontraste.

Meine vehementen Schimpftiraden auf die Energie fressenden „Air-Conditionings" wurden jedoch von Tag zu Tag kleinlauter. Und verstummten schließlich ganz. Da Paulas Hausordnung europäischen Maßstäben folgte, waren Klimaanlagen tabu. Wir waren weit und breit das einzige Gebäude, in dessen Fenstern keine wuchtigen Kühlapparate surrten. Der rote Ziegelsteinbau erhitzte sich wie ein Backofen. Ich stieg morgens aus der Dusche, und das Abtrocknen war wortwörtlich überflüssig. Die Wassertropfen verdunsteten von selbst. Die Nächte wurden immer wärmer und wärmer. Die Luftfeuchtigkeit brach tropische Rekorde. Mein Ventilator im Fenster wirbelte nur noch heißen Wind durch die Gegend und war mittlerweile mehr Attrappe als nützlicher Gebrauchsgegenstand.

„Da haben wir ja beide ziemliches Glück, dass wir wenigstens einige Nächte lang aus dieser Sauna flüchten können", sagte Val, die seit Tagen nur noch in Unterwäsche und Tanktop durch die Wohnung lief. Ich hatte schon seit drei Wochen keine Jeanshose mehr getragen. Es war einfach zu heiß. Noch bevor man den Reisverschluss hochgezogen hatte, klebte die Hose schon am Bein. In diesen Tagen galt: Je weniger Körperbedeckung, desto besser.

Valeries Glück war Davids klimatisierte Wohnung auf der Upper East Side, wo sie ganz selbstverständlich die meisten unerträglichen Augustnächte verbrachte. Mein Glück stand noch auf wackeligen Beinen: Justins Apartment im East Village, in dem ich nun schon ein paar Mal übernachtet hatte. Wir dateten. Ganz offiziell. Und exklusiv – davon ging ich aus. Schon am ersten Abend hatte ich mehrmals erwähnt, dass eine dritte Person in unserer Dating-Konstellation, auf welcher Seite auch immer, für mich das sofortige Aus bedeuten würde. Die Grenze meiner Integrationsbereitschaft war an diesem Punkt erreicht. „Sure thing", lachte er zurück, drückte mir einen seiner Pfefferminzküsse auf die Lippen, und ich sah, dass ihm dabei etwas durch den Kopf schwirrte. In einer Sprache, die ich nicht verstand. Vielleicht hatte er Angst, dass eine deutsche Emanze sich in sein amerikanisches Leben verhaken wollte? Oder war mein deutscher Absolutismus für den Anfang einfach etwas zu stürmisch? Egal. Ich ließ es drauf ankommen.

„Da hast du dir auf jeden Fall den perfekten Zeitpunkt zum Daten ausgesucht. Wir sind mit Sicherheit die beiden letzten New Yorker in dieser Stadt ohne Klimaanlage", seufzte Valerie und fächelte sich mit einem Magazin ein wenig Wind zu. „Justin hat doch eine in seiner Wohnung, oder?" Ja, die hatte er. Dank dieser konnte ich seit langem mal wieder ganz regulär mit einem Laken schlafen. Die Nächte davor hatte ich die nicht vorhandene Klimaanlage durch ein nasses Handtuch ersetzt. „Ich bin übrigens die ganze nächste Woche weg. David hat mich in die Hamptons eingeladen".

„Hast du's gut. Eine Abkühlung am Meer wäre jetzt genau das Richtige", schwärmte ich sehnsüchtig. „Hat David etwa ein Haus dort?" – „Nee, leider nicht, aber ein Freund von ihm. Komm doch einfach am Wochenende vorbei, wenn du Lust hast. Wenigstens für einen Tag", schlug Val vor. Das ließ ich mir nicht zweimal anbieten.

Im August entleerte sich die Stadt. Das Open-Air-Sommerprogramm versuchte, die auf der Insel gestrandeten New Yorker weiterhin bei Laune zu halten. Aber jeder, der konnte, verließ die siedende Betonwüste, die angefangen hatte, unangenehme Gerüche auszudünsten, denen man nicht entweichen konnte. Kurzum: Es stank. Eine regelrechte Stadtflucht setzte ein. Besonders an den Wochenenden. Und mit Vorliebe ans Meer. Selbst unsere europäische Landlady war verschwunden. Nach Griechenland, wo sie noch ein Haus besaß und grundsätzlich ihre Sommer verbrachte. Statt „Locals" sah man dieser Tage ahnungslose Touristen schwitzend durch die Straßen irren. Die hatten offensichtlich keine Ahnung gehabt, worauf sie sich einließen, als sie sich daheim auf die günstigen Flüge stürzten, mit denen man versuchte, hier das Sommerloch zu stopfen.

Beliebtestes Sommerziel der New Yorker waren die Hamptons, der berüchtigte Nobelbadeort auf der schlanken Insel Long Island, östlich von Manhattan. Die Schönen, Reichen und Berühmten hatten das Ostende der Inselzunge für sich entdeckt und dort ihre Sechs-Schlafzimmer-Villen entlang der weißen Sandstrände errichtet. Hatten hier früher hauptsächlich Fischer und Kartoffelbauern gelebt, haben mittlerweile Promis wie Puff Daddy, Steven Spielberg, Gwyneth Paltrow und die wohlhabende Elite New Yorks die Hamptons mit ihren schicken Sommerhäusern und vielen Champagnerpartys in eine Kolonie der Superreichen verwandelt.

Die Normalreichen, die sich die Millionen-Dollar-Mac-Mansions nicht leisten können, aber trotzdem Teil der Schickeria sein wollen, reißen sich jedes Jahr wieder um die „Summer Shares". Wochenendhäuser, mit riesigen Gärten, Schwimmbecken und Whirlpool, die man sich mit Fremden oder Freunden teilte und für die man locker 50 000 Dollar pro Saison hinblättert. Denn insgeheim träumt jeder New Yorker von einem Haus in den Hamptons.

Auch berühmte Künstler haben sich schon seit Jahrzehnten von der Schönheit der Hamptons verführen lassen, von dem einzigartig klaren Licht und den satten Farben. Chuck Close arbeitet in Bridgehampton an seinen fotorealistischen Werken, der Niederländer Willem de Kooning besaß hier ein Haus, und der bekannte amerikanische Maler Jackson Pollock lebte, malte und starb in East Hampton. In einem bescheidenen Cottage wohnte er mit seiner Frau Lee Krasner und malte in einer zum Studio umgebauten Scheune, in der noch heute die Spuren seiner ikonischen Klecksbilder zu sehen sind. Das Anwesen kann man mittlerweile sogar besichtigen.

Ich reiste als bescheidener Tagesausflügler mit dem Bus an. Dem unterkühlten, auffällig sauberen „Hampton Jitney". Der Name des schicken Transportunternehmens hat sich als Synonym für den Luxus-Lifestyle der privilegierten New Yorker bewährt, spätestens seit die „Sex and the City"-Hauptdarstellerin Carrie Bradshaw mit ihren Girls in einer Episode mit dem Jitney in die Hamptons gereist war. Der Bus sammelt die New Yorker mit ihrem Louis-Vuitton-Gepäck an mehreren Stationen der Stadt ein und liefert sie in den kleinen Örtchen der Insel ab. Meine Fahrt dauerte keine zweieinhalb Stunden. Es war früher Samstagmorgen. Wäre ich am Freitag mit dem Rest Manhattans raus gefahren, hätte die Anreise wahrscheinlich doppelt so viel Zeit in Anspruch genommen. Warum? Weil wir gleich nach dem Midtown Tunnel gemeinsam mit den anderen New Yorkern stundenlang im Stau festgesteckt hätten. Auch wenn viele Wege nach Rom führen, in die Hamptons führt nur die Route 27.

Die kleinen Örtchen der Insel hatten etwas Unwirkliches. Alles war niedlich, grün und sauber wie in einem Freilichtmuseum. Fast schon zu sauber. Valerie nannte diese kalkulierte Idylle „Disneyfizierung". Eine schöne heile Welt. So schön, dass ich sehr gut verstehen konnte, warum es so viele großstadtmüde New Yorker hierher zog. Nachdem der Bus von der Autobahn abgebogen war, hatten wir lauter kleine malerische Dörfchen mit graubraunen und weißen Schindelhäuschen und historischen Cottages passiert, die auf großen grünen Grundstücken mit vielen Bäumen standen. Letzter Halt des Jitneys war Montauk, die Stadt an der östlichsten Inselspitze, wo das Land gleich hinter dem Leuchtturm ins Meer kippte. Ich stieg drei Stopps vorher aus, in East Hampton, der inoffiziellen Hauptstadt. An den Bürgersteigen parkten glänzende Jeeps vor schicken Boutiquen, in denen Designermode und Antiquitäten verkauft wurden. Natürlich gab es auch hier eine Starbucks-Filiale, aber ganz nach Maßstäben der lokalen Ästhetik: Unauffällig hatte sich die Kaffeekette in ein hübsches Schindelhäuschen einquartiert.

Ich stand auf dem Bürgersteig und holte tief Luft. Sauerstoff! Den hatte ich in dieser Dosis schon seit Wochen nicht mehr eingeatmet. Hier war es gleich ein paar Grad kühler, längst nicht so schwül, und eine leichte Brise strich angenehm durch die Baumwipfel.

Valerie holte mich mit einem roten Jeep von der Bushaltestalle ab. „Davids Leihwagen. Steig ein, wir fahren gleich zum Strand", rief sie mir zu. Ich war schon seit Monaten nicht mehr in einem Auto gefahren, das kein Taxi war. Geschweige denn hatte ich selbst hinterm Steuer gesessen. Bis zu diesem Augenblick hatte ich Autofahren auch gar nicht vermisst. Aber plötzlich überkam mich die große Lust, mal wieder Gas zu geben. „Das mag komisch klingen, aber meinst du, ich kann nachher mal fahren?"

„Natürlich, gleich jetzt, wenn du magst. Ich navigiere dich zum Beach", sagte Val und sprang aus dem Auto. Ich schnallte mich an, war sogar für einen kurzen Moment aufgeregt. Die simple Automatikschaltung verwirrte mich im ersten Augenblick. Der Wagen fuhr sich wie ein Autoscooter, man musste nur Gas geben und bremsen. Anfangs suchte meine rechte Hand in den Kurven vergebens den Schaltknüppel. Das Radio spielte „More than this" von Roxy Music, und je näher wir dem Ozean kamen, je größer wurden die Grundstücke und die Einfahrtstore der Luxusfestungen. Man konnte die Villen aus der Distanz nur erahnen, weil sie sich hinter großen Bäumen und Büschen versteckten. Durch das offene Fenster blies mir der Fahrtwind entgegen, und ich konnte das salzige Meer schon riechen, bevor es zu sehen war. Und da lag er, direkt vor uns. Der Atlantik. New York erschien weiter weg als jemals zuvor, auch wenn nur hundert Meilen und zwei Stunden zwischen diesem Strand und Manhattan lagen.

Wir saßen glücklich auf dem endlosen Sandstrand und beobachteten die Surfer, die im Wasser auf ihren Brettern saßen und geduldig auf eine gute Welle warteten. Um uns herum hatten in großzügigen Abständen Bilderbuchfamilien ihre bunten Strandmuscheln geparkt. Braun gebrannte Kinder mit ausgebleichtem, strohblondem Haar übten auf Boogie Boards für ihre Surfbrett-Zukunft. Die Mütter blickten durch teure Designersonnenbrillen in Modemagazine. Ein paar mit Kokosnuss eingeölte junge Mädchen lagen in knappen Bikinis vor uns im Sand. Im Visier zwei knackige Lifeguards, die von ihrem riesigen weißen Aussichtstuhl gelangweilt aufs Meer starrten. Hinter den Dünen duckten sich die gigantischen Villen, die geschmackvoll im lokalen Baustil in die Landschaft eingebettet waren. Die Baulöwen hat es nicht geschafft, den wertvollen Küstenstreifen durch Boutiquehotels oder moderne Hochhäuser mit Eigentumswohnungen zu ruinieren. Dank der Reichen, die wollten es hier einfach nur schön haben und nicht so protzig wie in Los Angeles. Am liebsten blieben sie dabei unter sich. „Im

Sommer darf man nur am Strand parken, wenn man einen Anwohnerausweis besitzt", erzählte Valerie, „oder man muss sich schon Monate vorher für die Saison eine Parkgenehmigung holen, die fast dreihundert Dollar kostet." Und von der Innenstadt mit Strandausrüstung hierher zu laufen war so gut wie unmöglich. Deshalb war der Strand so schön leer und quoll nicht über wie an anderen Orten.

„Ein paar Tage in dieser Idylle, und man ist davon überzeugt, dass in der Welt alles in bester Ordnung ist. Global Warming, Drogen, Armut, Rassismus – ich habe schon nach fünf Tagen vergessen, dass so etwas überhaupt existiert", unkte Val.

„Wenn man seine Sommerwochenenden hier verbringt, kann ich auch verstehen, dass man die Stadt niemals leid wird. Aber ohne die Möglichkeit, zwischendurch mal tief einzuatmen und auch mal wieder einen Baum zu sehen, der nicht rundum einbetoniert ist, treten bei mir schon jetzt erste Verschleißerscheinungen auf. Als ich vorhin aus dem Bus gestiegen bin, habe ich nach langer Zeit mal wieder gespürt, dass Luft tatsächlich Sauerstoff enthält", meinte ich und grub meine Zehen tief in den kalten Sand.

„Die Hamptons sind natürlich das Nonplusultra, und leider kann man sich nicht jedes Wochenende in den Bus setzten, um hier mal einen Nachmittag am Strand zu liegen. Aber dafür gibt es zigtausend andere Strände rund um New York. Nicht ganz so malerisch wie dieser, aber dafür schnell erreichbar. Nach Coney Island kannst du sogar mit der U-Bahn fahren", erwiderte Val. „Und mit riesigen Sozialbauten im Rücken und Dosenbier trinkenden Nachbarn in der Sonne brutzeln", konterte ich scherzend. „Champagner in Gläsern und eine Überdosis Idylle findest du zwar nur hier", sagte Val und deutete mit ihrem Kopf in Richtung Dünen, wo gerade eine Großfamilie einen Sektempfang für

ein fünfzigjähriges Geburtstagskind aufbaute, im Land-
hausstil mit blau-weiß karierter Stofftischdecke und kleinen Blumensträußchen, „aber das Meer in Coney Island ist
dasselbe!"

Sie hatte Recht. Außerdem gab es dort einen skurrilen
Vergnügungspark, den Noelle und ich vor ein paar Wochen
besucht hatten. Anfang des 20. Jahrhunderts war die Promenade mit den vielen Karussells und Buden eine Attrak-
tion, die jährlich Millionen Besucher anzog. Die vergange-
nen glorreichen Zeiten ließen sich zwar in Ansätzen noch
erahnen, aber der Verfall der letzten Jahrzehnte hatte seine Spuren hinterlassen. Der Park war mittlerweile eher
ein vernachlässigtes und verwelktes Stück Geschichte, aber
trotzdem noch in Betrieb und eine unterhaltsame Sehens-
würdigkeit. Das damalige Highlight „The Cyclone", eine
klappernde, hölzerne Achterbahn, stand mittlerweile sogar
unter Denkmalschutz, auch wenn es noch immer seine
Runden drehte. Das Ganze sah aus wie ein gefährliches
antikes Möbelstück, und selbst Noelles sonst sehr über-
zeugenden Überredungskünste konnten mich nicht dazu
bewegen, dort einzusteigen.

„Und so schön dieser Spielplatz der Superreichen auch
ist, in Coney Island findet man den wirklichen Spirit New
Yorks. Dort liegt der ‚Melting Pot', von dem immer alle
schwärmen, am Strand", verteidigte Val den Badeort fürs
Volk. Darauf konnte ich nur zustimmend nicken. Aus allen
Stadtteilen, Kulturen und Bildungsschichten strömten die
„Locals" im August an den breiten Sandstrand, und ein
demokratischer Vielvölkermix kühlte sich gemeinsam im
Atlantik ab. Die Großfamilie aus Puerto Rico genauso wie
die polnischen Teenager, die hoffnungslos an ihrem Teint
arbeiteten und mit den italienischen Jungs auf der Nach-
bardecke flirteten. Die Chinesen erkannte man schon aus

der Ferne. Aufgrund ihrer Sommersprossenphobie spazierten sie mit kleinen Schirmchen bewaffnet am Wasser entlang, während Kinder verschiedenster Hautfarbe gemeinsam und kreischend im Meer planschten. Selbst Touristen aus Europa verirrten sich gelegentlich zum Sonnenbaden nach Coney Island. Aber trotz aller Harmonie der Nationalitäten wurde der Strand an solchen Sommertagen von halbnackten Menschen und bunten Sonnenschirmen überflutet und sah aus wie ein humanes Schlachtfeld. Besonders abends, wenn die sonnengesättigten Scharen in die Stadt zurückkehrten und ihre leeren Bierdosen, Zeitungsreste und sonstigen Abfall vom Tag im Sand „vergaßen".

Coney Island ist allerdings nur eine von vielen Rückzugsmöglichkeiten der Einheimischen. New York ist von etlichen Stränden umgeben, die nicht annähernd so übervölkert und trotzdem in Kürze erreichbar sind. Rockaway Beach in Queens hat sogar einen eigenen Bereich für Surfer eingerichtet. Die sah ich des Öfteren mit ihren Boards in die U-Bahn steigen. Oder den Jones Beach State Park mit einem zehn Kilometer langen Sandstrand, das erste öffentliche Projekt des mittlerweile verstorbenen Visionärs Robert Moses. Und dann gibt es diverse beliebte Strände an der Küste New Jerseys. Die sieben Meilen lange Halbinsel Sandy Hook zum Beispiel. Man muss nur am Pier 11 an der Wall Street in die Fähre steigen, und keine vierzig Minuten später ist man, nach einer erfrischenden dreißigminütigen Bootsfahrt durch den Hafen, schon da. Und nicht zu vergessen: die Superidylle auf Fire Island. Die Long Island vorgelagerte, 32 Meilen lange, autofreie Insel, die für ihre „Gay Community" genauso bekannt ist wie für den würzigen Duft der Kiefern, die vielen Rehe, die einem einfach vor der Nase herhüpfen, wenn man über die Holzstege zum Wasser läuft, und natürlich die tollen Pudersandstrände.

Für die Anreise muss man zwar jedes zur Verfügung stehende öffentliche Verkehrsmittel besteigen. Aber es lohnt sich. Auch für einen Tagesausflug. Und wer möchte, kann bleiben und in einem der vielen Ferienhäuser oder auf den Zeltplätzen übernachten.

„Wo ist eigentlich David?", fiel mir plötzlich ein. „David wollte nicht mitkommen. Er arbeitet lieber", seufzte Valerie und zuckte mit den Schultern. „Ich glaube, diese Beziehung hat ihr Verfallsdatum bald erreicht. Wir sind einfach zu unterschiedlich. David ist wie ein tolles, aber zu kleines Kleid, das man im Sale findet und in das man unbedingt reinpassen will, aber es sitzt einfach nicht. Letztendlich muss man sich leider trennen, wenn man seinen Kleiderschrank nicht für bessere Stücke blockieren will."

Die Sonne ging langsam unter, wir sprangen ein letztes Mal in den eiskalten Atlantik, versuchten, mit unseren Körpern ein paar Wellen zu surfen, und ließen uns vom Weißwasser durchspülen. Danach setzten wir uns in unsere Handtücher gewickelt auf die Decke, hörten dem rhythmischen Schlagen der Wellen zu, beobachteten, wie der Himmel am Horizont den Ozean küsste, und waren ganz beseelt von den Naturgewalten. Dieser Moment totaler Zufriedenheit wollte zelebriert werden. Valerie holte eine Flasche Rotwein aus ihrem Picknickkorb. „Worauf wollen wir anstoßen?", fragte ich feierlich. „Auf die Liebe natürlich!", rief Valerie und lachte.

Ich kehrte mit frisch getankter Lebensenergie in die Stadt zurück. Und als meine Mutter am nächsten Morgen anrief und mal wieder Dauerregen in Westfalen vermeldete, wusste ich auch die Hitze New Yorks wieder zu schätzen. Zum Ausgleich für verschwitzte Nächte strahlte jeden Tag die Sonne.

Im August verwandelte sich Valerie, die sonst Türme unge-
spülter Teller tagelang stoisch ignorierte, plötzlich in einen
Putzteufel und Reinlichkeitsfanatiker. Wie die meisten New
Yorker. Denn alle hatten Angst vor: Kakerlaken. Sie gehörten hier zum Sommer wie Iced Latte am Morgen. Jedes
Jahr brach erneut eine Schlacht zwischen den Zweibeinern
und den sechsbeinigen Kriechtieren aus. Die Kakerlaken
machten vor keinem Gebäude Halt. Ihre Strategie war der
Totalangriff. Sie fühlten sich in den Residenzen der Upper
East Side genauso wohl wie in den Mietskasernen Chinatowns oder den schicken Lofts in Tribeca. Auch kulinarisch
hatten sie keine Vorlieben. Die Chefköche der teuren Edel-
Japaner fürchteten sich ebenso vor den krabbelnden Gästen
wie die Grillmeister der billigen Burger-Buden. Jeder Krü-
mel war eine Einladung. Waren sie erst mal eingezogen, war
es fast unmöglich, die ungewollten Mitbewohner wieder los-
zuwerden. Egal welche Geschütze man auffuhr. Kein Wunder. Kakerlaken konnten Wochen ohne Nahrungsmittel und
Wasser leben und waren selbst gegen radioaktive Strahlung
immun. Auch mit Pestiziden war ihnen meist nicht bei-
zukommen, weil sie sich flink in die kleinsten Ritzen und
Nischen in Kühlschränken, Computern und Mikrowellen
verkrochen. Die Einzigen, die sich über diese Insektenepi-
demie freuten, waren die Kammerjäger. Die „Pest Control"
und „Exterminator" zogen mit allerlei giftigen Mittelchen
in den Kampf und waren den ganzen Sommer unermüd-
lich im Einsatz. Sie sprühten und sprühten in einem Gebäude nach dem anderen, in der Hoffnung, präventiv das
Schlimmste zu verhindern. „Deshalb müssen wir im Sommer unbedingt jeden Tag den Müll runterbringen", beschwor
mich Valerie. Kein Problem. „Ich verstehe allerdings nicht,
warum die Sorte hier ‚German Cockroach' genannt wird. In
Deutschland habe ich noch nie eine Kakerlake gesehen."

Ich hielt diese Benennung für einen groben Irrtum oder eine Verleumdung und hatte das Bedürfnis, die irreführende Assoziation richtigzustellen. Meine erste Begegnung mit den widerlichen Insekten hatte ich dann nicht in unserer Wohnung, sondern völlig unerwartet im sterilen Rockefeller Center. Ich saß an meinem Schreibtisch, als mich plötzlich etwas am rechten Fuß kitzelte. Ich schaute runter. Ja, ganz richtig, da huschte mir tatsächlich gerade eine Kakerlake über die Zehen. Ich unterdrückte einen Impulsivschrei und schaffte es sogar, die flitzende Kakerlake mit einem leeren Schuhkarton festzusetzen. Valerie hatte mich gewarnt: „Falls du eine siehst, bloß nicht zerquetschen! Dann verteilst du die ganzen Eier und danach ist die Kakerlakeninvasion nicht mehr aufzuhalten." Also schob ich vorsichtig das Fenster hoch und ließ die Kakerlake 26 Stockwerke in die Tiefe stürzen. Wie wir alles wissen: nicht in den Tod, denn das unzerstörbare Biest hat den Fall sicherlich überlebt.

Ein paar Tage später blickte ich gerade von meinem Bildschirm hoch, als direkt vor meinem Bürofenster ein zitronengelber Schmetterling flatterte. In den grauen Betonschluchten Midtowns ein leuchtendes Stück Natur fliegen zu sehen ließ mein Herz hüpfen. Das war New York. In den am wenigsten erwarteten Momenten poetisch und immer wieder fähig zu überraschen.

Genauso erstaunt war ich, als ich eines Nachts von leisem Getrappel aufwachte. Also doch Kakerlaken, war mein erster Gedanke. Aber irgendwie klang dieses Geräusch fast menschlich. Ich hielt den Atem an, stand auf und schlich auf Zehenspitzen in die Küche. Plötzlich hörte ich etwas von links auf mich zurennen, mein Herz blieb einen Augenblick stehen, als etwas Hundgroßes aus dem offenen Küchenfenster in den Garten sprang. Ein Waschbär! Ich freute mich wie ein kleines Kind, das den Nikolaus ertappt hatte, legte mich wieder ins Bett, schlief sofort ein und hatte die nächtliche Begegnung am nächsten Morgen kurzfristig wieder vergessen. Bis ich im Badezimmer auf dreckige Fußspuren an der Klobrille stieß. „In Williamsburg herrscht gerade eine Waschbär-Plage. Die kleinen Kerle greifen Katzen an, wüten durch die Mülltonnen und Gärten", erklärte Paula, als ich ihr ordnungsgemäß Bericht erstattete. Deshalb kam noch am selben Tag jemand von der Stadt, stellte eine Falle auf und beförderte das niedliche Pelztier wieder in die Wildnis. Ich wunderte mich, dass selbst Waschbären lieber in diesem Großstadtwirrwarr hausten als friedlich im Wald.

Nachdem ich Justin immer wieder von meinen Natur-Entzugserscheinungen vorgejammert hatte, überraschte er mich eines Abends mit einem Zelt. Das hatte er auf seiner Dachterrasse aufgebaut, mit den Worten: „Wir tun einfach so, als wenn wir irgendwo mitten im Grünen zelten würden." Ich war gerührt und spürte, wie mir ein Glücksgefühl den Rücken emporkroch. „Ich bin sicher die erste Frau, deren Herz du mit einem Zelt erobern konntest", grinste ich. So ganz konnten wir der urbanen Bequemlichkeit dann doch nicht widerstehen und ließen uns indisches Curry und eiskalte Mango-Lassi zum Zelt liefern. Wir versuchten, die schwach schimmernden Sterne ausfindig zu machen, und tasteten uns in die unbekannte Vergangenheit des anderen vor. Ich schwärmte von meinem Backpacker-Trip nach Ecuador, er erzählte mir von seinem letzten Surfurlaub in Panama. In dieser Metropole an einen Naturburschen geraten zu sein stimmte mich sehr froh. Statt zirpender Grillen jaulten im Hintergrund die Sirenen eines Krankenwagens.

Trotzdem war die Situation an Romantik kaum zu überbieten. So verbrachte ich meine erste New Yorker Nacht unter freiem Himmel. Schwitzend, aber glücklich. Genau hier wollte ich sein und nirgendwo anders.

September

DIE KLEINE ROMANZE mit meinem Amerikaner war sicher nicht der einzige Grund, warum man in Deutschland anfing, über meine Rückkehr zu spekulieren. Meine Freunde und Familie hatten begonnen, in der üblichen Frage – „Wann kommst du wieder zurück?" – ein Wort auszutauschen. Die neue Version am Telefon lautete: „Kommst du überhaupt wieder zurück?" In der Frage schwang die befürchtete Antwort gleich mit. Eine Vermutung, die nur bestätigt werden wollte. Unentschlossene Stille meinerseits. Bleiben wollte ich ja eigentlich nur ein Jahr. Aber das war schon um! Eine Entscheidung war fällig.

Valerie und ich saßen im Wohnzimmer, aßen selbst gemachtes salziges Popcorn und schauten uns eine alte Folge von „Sex and the City" an. Jedes Mal wieder eine hervorragende Zerstreuung vom eigenen Alltag. So dachte ich, dann hielt die Protagonistin Carrie einen ihrer üblichen philosophischen Monologe. Zwei Sätze, die wie ein Blitz in meine Gemütslage einschlugen: „Vielleicht ist die Vergangenheit ein Anker, der uns zurückhält. Vielleicht muss man sein altes Ich loslassen, um zu werden, wer man eigentlich ist." Ein Wink des Schicksals? Meine selektive Wahrnehmung fand neuerdings allerorts Hinweise. Nur wusste ich leider nicht, wie ich sie deuten sollte. Eins war klar: Indem ich erst mal keine Entscheidung traf, war ich auf dem besten Wege, eine Entscheidung zu treffen. Im Büro rechnete man damit, dass ich blieb. Mit Noelle und Vanessa hatte ich schon Pläne für den kommenden Winter geschmiedet. Und meine Landlady Paula zählte weiter auf meine Miete. Nur ausgesprochen hatte ich es noch nicht. Warum nicht? Weil noch immer Zweifel zaghaft an mein Gewissen klopften. Mit traurigen Fragen wie: Willst du dich wirklich zwölf weitere Monate von der Heimat und den Liebsten entfremden, die ohnehin schon endlose viertausend Meilen weit entfernt sind? Dazu die sechs Stunden Zeitvorsprung, die die Kommunikation mit Deutschland extrem behindern. Wollte ich? Und dafür in einer fremden Stadt bleiben, die Monat für Monat mehr Zuhause, aber nie zur Heimat werden würde? Zugegeben, diese Distanz zur eigenen Heimat hatte mich mir selbst nähergebracht. Und das in einer Stadt, über die der Schriftsteller Henry Miller einmal gesagt hat: „New York hat die Vitalität eines Presslufthammers, die einen mit ihrer Rastlosigkeit in den Wahnsinn treibt, wenn man keine inneren Stabilisatoren besitzt." Er wusste, wovon er sprach. Die Stadt nimmt keine Rücksicht. Entweder man lässt sich euphorisch mitreißen oder man geht im Rausch unter. Manchmal erfindet sie sich in solch einer Geschwindigkeit neu, dass sie kaum mit sich selbst mithalten kann. Das fordert auf Dauer, aber es erfüllt auch. Wie viel inneres Gleichgewicht war notwendig? Ich sei die ausgeglichenste Person, der er je begegnet sei, hatte Jonathan mal zu mir gesagt. Ich hatte damals nur laut losgelacht. Im Vergleich zu Jonathan war nicht nur ich, sondern der Rest der Welt mit buddhistischer Gelassenheit gesegnet. Im Übrigen schien mein inneres Gleichgewicht nicht im Geringsten zu einer klaren Entscheidungsfindung beizutragen. Meine Gedanken kreisten. „Warum habe ich nur das Gefühl, dass das Leben in New York so fantastisch ist. Das macht es wirklich nicht einfacher", seufzte ich in meine Popcornschüssel. Valerie schaute mich an. „Weil es so ist!!!!!", sagte sie mit fünf hörbaren Ausrufezeichen, die gebündelt wie eine Rüge wirkten. Ich fragte mich, ob prominente „Expats" wie David Bowie, Greta Garbo, John Lennon und Yoko Ono auch von so irdischen Gefühlen wie Zweifeln heimgesucht wurden. Damals, als sie ihren Heimatkontinent verließen, um ihr Leben in New York zu verbringen. Mit Vernunft hatte das alles wenig zu tun. Mein Herz schwankte. Aber ich spürte, wie New York es langsam überwältigte. Valerie tat das Ihre: „Und ich warne dich: Ich habe wirklich keine Lust, mich schon wieder auf eine neue Mitbewohnerin einzustellen", witzelte sie. „Denk daran, wie gut du es hast: Millionen Menschen würden alles dafür geben, um hier leben zu können. Und du musst dich einfach nur entscheiden. Es wäre ein Verbrechen, wenn du diese Chance einfach sausen ließest", beschwor sie mich, bevor wir ins Bett gingen. Ich hatte ihr schon den Rücken zugewandt, als ich sie noch leise sagen hörte: „Nadine, ich mein das ernst. Ich würde mich wirklich sehr freuen, wenn du noch bleibst. Have a good night." Darauf folgte eine unbeholfene Umarmung, auf die mir vor Rührung die Worte im Hals stecken blieben. Auf dem Weg in mein Zimmer hielt ich in der dunklen Küche inne, zog mir einen Stuhl ans Fenster und starrte auf das bezaubernde Funkeln der nächtlichen Skyline. Unser Kühlschrank brummte, und vom gummibärrot erleuchteten Empire State Building zuckte und blitzte es wie eh und je. Schon seit Wochen hatte ich mich von diesem Schauspiel nicht mehr beeindrucken lassen. Dabei konnte ich hier jeden Abend in der ersten Reihe sitzen. Ich ließ meine Gedanken durch die letzten zwölf Monate wandern. Dachte an die vielen lauen Sommerabende. An die jaulenden Sirenen, die hier zur Geräuschkulisse gehörten wie andernorts die Kirchenglocken. Die Begegnungen und Zufallsgespräche mit Fremden, die teilweise zu Freunden geworden waren. Daran, dass hier zu jeder Tages- und Nachtzeit alles möglich war – „anything goes" war das Motto, anstatt nach deutscher Manier erst mal alles skeptisch auf Risiken und Nebenwirkungen abzuklopfen. Valerie hatte Recht, ich wusste, dass meine Situation in New York ein wertvolles Privileg war. Nicht jeder hatte die glückliche Qual der Wahl. Von den 2,9 Millionen Immigranten in dieser Stadt war jeder sechste illegal. Und die hatten für New York ihre Heimat aufgegeben. Endgültig. Für immer. Nicht wie ich, temporär und mit der Garantie, jederzeit hin- und herfliegen oder gar -ziehen zu können. Ich hatte ein Journalistenvisum, das ich je nach Laune und ohne große Mühen und Anwaltshonorare verlängern konnte. Die vielen Menschen ohne Visum hatten nur ein einziges Mal die Wahl. War die Grenze in die Staaten einmal illegal überquert, mussten sie bleiben oder konnten nie wieder zurück. Hierbei handelte es sich nicht um eine statistische Dunkelziffer, sondern um Menschen, denen ich Tag für Tag begegnete:

Alia aus Mali, der ich meine Wäsche anvertraute, begrüßte jeden Kunden mit Namen und schaffte es immer wieder, dass man ihren sieben Tage die Woche geöffneten Laden nicht nur mit sauber gefalteten T-Shirts, sondern auch mit guter Laune verließ. Sie hatte ihr Heimatdorf in Westafrika, die Familie und Freunde schon seit zehn Jahren nicht mehr besucht und wartete darauf, dass ihr Anwalt endlich den Bürokratenkram bewältigte. „Eigentlich wollte ich nur ein Jahr bleiben, aber mittlerweile ist New York mein Leben", fügte sie eilig hinzu, nachdem sie mir ihr Heimwehherz ausgeschüttet hatte.

Oder Anna, die kubanische Putzfrau, die spät abends unsere Büroräume sauber machte, tagsüber in Privathäusern putzte und uns jedes Jahr zu Weihnachten kubanisch bekochte. Sie schickte der auf der kommunistischen Insel zurückgebliebenen Verwandtschaft schon seit Jahren ihre Ersparnisse. „Ich vermisse Kuba, aber New York ist Zuhause", sagte sie in ihrem charmanten Spanenglisch.

Auch für Antonio, mit dem ich oft plauderte, wenn ich spät abends im Bodega noch irgendetwas einkaufen ging, gäbe es bei einem Heimatbesuch kein Zurück mehr. „Ich komme aus Ecuador", grinste er stolz und offenbarte seine Goldzähne, als ich nach seiner Nationalität gefragt hatte. Vor fünfzehn Jahren hatte der mittlerweile Fünfzigjährige seine Frau und seine beiden damals kleinen Söhne illegal eingeschmuggelt. Und seine Eltern? Die hatte er seitdem nicht mehr gesehen. „Irgendwann möchte ich gerne wieder zurück", erzählte er. „Aber dann muss ich mich für immer von meinen Kindern verabschieden. Die wollen hier bleiben. New York ist ihre Heimat." Hier war sie, die Zwickmühle, in der so viele steckten.

So hat jeder seine ganz eigene Geschichte mit nach New York gebracht. Aber eins trugen sie alle gemeinsam im Herzen: den „American Dream". Den Traum, der versprach, dass man hier mit harter Arbeit alles im Leben erreichen konnte. Dafür hatten sie ihre Eltern und Freunde zurückgelassen. Hatten Jobs angenommen, für die sie überqualifiziert waren. Hatten sich in ein Land gewagt, in dem sie keiner verstand. Weder ihre Sprache, noch ihre Kultur. Sie waren gefangen im Land der unbegrenzten Möglichkeiten. War es das wert? Offensichtlich. Laut einer Studie bleiben dreiviertel aller Immigranten dauerhaft.

„Arbeiten die illegalen Immigranten eigentlich alle schwarz?", fragte ich Valerie, als wir uns am nächsten Abend beim Mexikaner über das Thema unterhielten. Mit ziemlicher Sicherheit wurden unsere Burritos gerade von einem illegalen Landsmann in der Küche zubereitet. „Nein, das ist das Paradoxeste, die meisten Illegals bezahlen sogar Steuern, jedes Jahr mehrere Milliarden! Sie besorgen sich auf dem Schwarzmarkt für ein paar hundert Dollar gefälschte Sozialversicherungsausweise samt gefakter Green Card, müssen dann wie alle anderen ihre Sozialabgaben bezahlen, obwohl sie letztendlich natürlich keinerlei Ansprüche auf irgendwelche Leistungen erheben können", seufzte sie und dippte einen Chip tief in die Guacamole.

Die Existenz aller in Amerika lebender Menschen basierte auf der Social Security Card. Ohne dieses visitenkartengroße Stück Papier war die eigene Identität wertlos. Diese Karte war Vorraussetzung für alle menschlichen Grundbedürfnisse. Auch meine. Ich brauchte sie für meinen Job, um eine Wohnung zu finden und ein Konto einzurichten. Sie war notwendig, um Krankenversicherungen und Telefonverträge abzuschließen.

„Und ich sag dir, ohne diese 500 000 ,other-than-legal-immigrants', wie sie so schön von den Behörden einkategorisiert werden, würde die New Yorker Infrastruktur wie ein Kartenhaus zusammenbrechen", fügte Val hinzu. Das hatte selbst Mayor Bloomberg unverblümt vorm Senat kundgetan. Babys hätten keine Nannys mehr. Die Taxis kämen zum Stillstand. Die Mülleimer würden überquellen. Die Patienten in den Krankenhäusern müssten sich ihr Essen selber holen. Und die Früchte für die Farmers'-Märkte in Manhattan würden noch auf den Feldern verrotten. Deshalb galt in New York der tolerante Grundsatz: „Don't ask, don't tell." Der Immigrantenstatus war Privatsache.

Aber nicht nur Einwanderer aus Dritte-Welt-Ländern führten hier ein Schattendasein. Auch für Europäer waren die strengen Visa-Regulierungen oft ein Hindernis und ein

Grund, ins illegale Leben abzutauchen. Deshalb hofften so viele auf die legendäre Green Card, die unbefristete Aufenthalts- und vor allem Arbeitsgenehmigung. Für den Freischein ins amerikanische Glück wurde noch immer am laufenden Band scheingeheiratet. Diese Eltern stellten in New York nicht nur den Stoff für Kinokassenschlager, sie waren Alltag. Und etliche Europäer nahmen Jahr für Jahr hoffnungsvoll an der Lotterie teil. Ronald Reagan war 1987 die wunderbare Idee gekommen, jedes Jahr 55 000 „Diversity Immigrant Visa", sprich Green Cards, nach dem Zufallsprinzip zu verlosen, um die ethnische Vielfalt des amerikanischen Spirits zu sichern. Fast 1500 Deutsche gewannen in der letzten Runde eine Green Card. Auch ich hatte mein Glück versucht. Hatte mein Foto eingesendet, mich dabei streng an die Vorschriften gehalten und mir mit Edding weder Brille noch Bart aufgemalt. Das, so drohte die Website, führe zur sofortigen Disqualifikation. Tatsächlich? Na, wenigstens nicht zur Todesstrafe oder Deportation, dachte ich damals ironisch. Manchmal bewegte der Bürokratenirrsinn sich hier wie in Deutschland auf Kindergartenniveau.

„Selbst Präsident Bush hat das Dilemma eingesehen und vorgeschlagen, illegalen Immigranten die Option einzuräumen, ihren Status zu legalisieren. Zum ersten Mal in seiner Amtszeit hat er eine sinnvolle Idee, und dann bläst ihm von allen Seiten heftiger Widerstand ins Gesicht", sagte Valerie und schlug dabei trotzig mit ihrem Maiskolben auf den Teller. „Da haben seine Gegner ihn anscheinend mit den eigenen Waffen geschlagen und die nationale Sicherheit als Argument gegen die illegalen Einwanderer missbraucht", entgegnete ich. „Ja, die Terroristennummer funktioniert seit 9/11 ganz hervorragend. Verstöße gegen die Privatsphäre? Natürlich nur im Sinne der Sicherheit. Folter in Abu Ghraib? Natürlich nur wegen der Sicherheit. Schlechte

Umfragewerte? Schnell wieder auf Code Orange Terror Alarm umschalten und die volle Aufmerksamkeit auf die gefährdete nationale Sicherheit lenken. Die Angst vor Terrorismus hat sich bei den Politikern als gängiges Manipulationswerkzeug etabliert. Wo das wohl noch hinführt?" Ich hörte Valerie, nickte zustimmend, aber war in Gedanken schon wieder bei meiner eigenen Zukunftsfrage.

„Warum bleibst du hier, schlägst dich mit Mühe und Not finanziell durch, obwohl du in Kalifornien jeden Tag bezahlt auf der Bühne stehen und in einem eigenen Haus mit Garten leben könntest?", fragte ich Val, die ich überredet hatte, nach dem Essen noch mit einem Frozen Margarita to go, der inkognito im Milchshake-Becher rausgegeben wurde, am Ufer des East River vorbeizuschauen. Wir entfernten uns von der fröhlich schnatternden, bevölkerten Bedford Avenue und schlenderten durch die immer einsamer werdenden, orange beleuchteten Straßen Richtung Wasser. „Weil New Yorker sich jede Meinung leisten können. Weil der Zusammenstoß von Millionen unterschiedlicher Menschen, Kulturen und Nationalitäten den New Yorkern eine selbstverständliche Toleranz aufzwingt, die man sonst nirgendwo findet und die Flachdenken verhindert. Trotz Platzmangel gibt es reichlich Raum zum anders Denken und Sein." Für Vanessa war es der Kontrast: „Die Dritte Welt direkt neben der Ersten Welt, heiß, eisig, anonym, intim – die Stadt lebt von Gegensätzen, die Reibung erzeugen. Und Reibung erzeugt Wärme." Noelle war davon fasziniert, dass man hier einfach so hinter Maggie Gyllenhaal im Kino saß oder neben Michael Douglas mittags im Rockefeller seinen Salat bestellte oder Alice Cooper beim Dinner im zeitlosen Klassiker „Indochine" traf oder mit Drew Barrymore bei Whole Foods an der Kasse stand. Ja, auch jede Menge Filmstars lebten in New York.

Die schönste Liebeserklärung, die ich finden konnte, war ein Buch. Verfasst von dem Autor E. B. White, vor mehr als einem halben Jahrhundert. In seinem literarischen Spaziergang „Here is New York" hat er es geschafft, das Lebensgefühl der New Yorker mit 7500 Worten in all seiner Komplexität zu erfassen. „Es gibt weder genug Luft noch Licht, es ist entweder zu heiß oder zu kalt. Aber die Stadt macht alle Katastrophen, alle Mängel wieder gut, indem sie ihre Bewohner mit einer Überdosis Ergänzungspräparat versorgt – das Gefühl, zu etwas zu gehören, das einzigartig, kosmopolitisch, mächtig und beispiellos ist." White wäre sicher begeistert gewesen, hätte er gewusst, dass New Yorker auch fünfzig Jahre später noch haargenau das Gleiche empfinden. Für mich war die Stadt ein großer Kompromiss. Aber der Schönste, den man eingehen konnte.

Das Spiegelbild der Skyline tänzelte auf dem East River. Wir standen Manhattan direkt gegenüber. Dort, wo einem New York zu Füßen lag. Wo sich die oberflächlichen Aspekte des Lebens verflüchtigten. Wo Justin mir das erste Mal den erdenschweren Satz mit drei Worten ins Ohr geflüstert hatte. Wo Sehnsucht und Erfüllung miteinander verschmolzen und Fern- und Heimweh plötzlich dasselbe waren. Wo ich eine Entscheidung traf. Ich blieb.

ENDE

Reisen in den Alltag

Barbara Baumgartner
Ein Jahr in Barcelona
Reise in den Alltag
Band 5823

Bei Barbara Baumgartner geht es um Engländer und Deutsche, Andalusier und Südamerikaner, um die beiden Hälften der Stadt, das glitzernde Meer und das wunderbare Licht.

Maria Rosaria Di Palo
Ein Jahr in Montreal
Reise in den Alltag
Band 5832

Französischer Charme und amerikanische Leichtigkeit – Maria Di Palo erzählt von der Stadt, die das Beste aus Alter und Neuer Welt verbindet.

Julica Jungehülsing
Ein Jahr in Australien
Reise in den Alltag
Band 5818

In diesem Buch erzählt Julica Jungehülsing von ihrem Alltag in Sidney, Abenteuern im Outback, dem Strand vor der Tür und von den unkompliziertesten Menschen der Welt, den „Aussis".

Anna Regeniter
Ein Jahr in London
Reise in den Alltag
Band 5741

Mit Anfang 30 zieht Anna Regeniter in die schillernde Hauptstadt Großbritanniens. Selbstironisch erzählt sie vom Aufeinanderprallen ihrer Londonträume mit der Realität.

Katharina Rutz
Ein Jahr in Peking
Reise in den Alltag
Band 5962

Peking ist anders als die Schweiz. Mit dem Neujahrsfest in Peking beginnt für die Leser dieses Bandes ein Jahr voller Kontraste und Überraschungen.

HERDER spektrum

Andrea Thiele
Ein Jahr in der Toskana
Reise in den Alltag
Band 5729

Andrea Thiele hat gemacht, wovon viele träumen: Sie hat Regen und Nebel den Rücken gekehrt und sich im sonnigen Herzen der Toskana niedergelassen.

Cornelia Tomerius
Ein Jahr in Istanbul
Reise in den Alltag
Band 5770

„Sie wissen nicht, wie sich die Stadt verändert, wenn Ramadan ist. Sie wissen nicht, wie unglaublich bürokratisch es hier ist – und dann wieder südländisch unkompliziert".

Silja Ukena
Ein Jahr in Paris
Reise in den Alltag
Band 5742

Silja Ukena macht sich in der Stadt ihrer Träume auf die Suche: nach einer Wohnung, dem Mann fürs Leben, den Geheimnissen des Subjonctif, einem Job und der besten Boulangerie der Stadt.

Markus Fix / Sarah Pendzich
Radnomaden
Mit dem Fahrrad nach China
Band 5609

Ein faszinierender Bericht über die Begegnung von Orient und Okzident, über Reiselust und Reisefrust – vor allem aber eine atemraubende Entdeckungsreise.

Michael Giefer
Zu Fuß ins Land des Dschingis Khan
Von Sibirien in die Mongolei
Band 5738

Michael Giefer erzählt vom Alltag der Mongolen, vom Alleinsein, von haarsträubender Gefahr, von Gastfreundschaft, von Hitze, von Frost und von einem wunderschönen Land, in dem Freiheit sichtbar ist.

HERDER spektrum